ESO 4

MÚSICA

Inclusión
Incluimos a todo el alumnado en nuestras aulas.

Rigor
Aprendemos y trabajamos con rigor y creatividad.

Interdisciplinariedad
Relacionamos y aplicamos lo que aprendemos.

Familia
La gran colaboradora en el aprendizaje.

Pensamiento crítico
Fomentamos la diversidad de pensamiento.

Aprendizaje cooperativo
Cooperamos para afrontar tareas.

Las TIC
Usamos las nuevas tecnologías para conectarnos con nuestro mundo.

Competencias
Afrontamos desafíos en los que ponemos en práctica nuestras competencias.

Emprendimiento
Emprendemos para cambiar nuestro entorno.

Evaluación
Ofrecemos la más completa, ambiciosa e innovadora gama de herramientas para la evaluación.

ANAYA

CONTENIDOS DEL CURSO

Contextos musicales y culturales	Música y tecnologías	Emprendimiento
• La ópera y la industria discográfica. • Utilización de dispositivos electrónicos para la grabación y reproducción analógica del sonido. • Muro: El sonido en el túnel del tiempo.	• Las primeras grabaciones. • La grabación por pistas. • El estudio de grabación. • Instrumentos electrófonos. • Efectos y filtros sonoros.	• Estrategias para el estudio: el tratamiento de la información. • Taller profesional: la ingeniería de sonido, la mezcla y la producción.
• El sonido analógico y el sonido digital. • La informática en la música. • El jazz. • Muro: la remasterización.	• El proceso de digitalización. • El sistema MIDI y los aparatos interconectados. • Los soportes y formatos más comunes del sonido digital (WAV, AIFF, MP3 y MP4). • La creación y la grabación musical con ordenadores. • La remasterización.	• Los formatos de audio digital: la información comprimida. • Taller profesional: la composición, la programación, el arreglo y la edición de partituras.
• La llegada de la radiocomunicación. • La música en la radio. La radiofórmula. • La música en la televisión. El videoclip. • Las cuñas radiofónicas. • Muro: la revolución de la tableta.	• La música en Internet. El streaming. • Las redes sociales y la música.	• Un programa de radio: producción en equipo. • Taller profesional: los efectos de sonido.
• El cine mudo. • La aparición del cine sonoro. • La etapa dorada del cine. • La renovación del cine hasta la actualidad. • Muro: la música de los videojuegos.	• La sonorización de imágenes. Diferentes estéticas y estilos. • Utilización de Internet como fuente de acceso a la música.	• Una reseña sobre una película: música para cine. • Taller profesional: composición de bandas sonoras.
• La música escénica. • Nacimiento y desarrollo de la ópera a lo largo de las épocas históricas. • La ópera seria y la ópera cómica. • Las partes de una ópera. • Muro: triunfó el humor en la ópera.	• La tecnología en la escena. • Utilización de Internet como fuente de acceso a la ópera.	• Los espacios para la ópera: elaboración de un informe sobre un teatro para representaciones de ópera. • Taller profesional: profesionales de la ópera.

CONTENIDOS DEL CURSO

Contextos musicales y culturales	Música y tecnologías	Emprendimiento
• La tradición escénica española. • La zarzuela. Origen y evolución. • El musical. • El ballet y la danza. • La opereta. • Muro: El arte de crear un espectáculo musical con cualquier cosa.	• Las funciones de la música en distintas producciones audiovisuales: la zarzuela, el musical, la opereta... • Utilización de Internet como fuente de acceso a la música escénica.	• Una tabla de acordes: cifrados y notas.
• La revolución musical del siglo XX. • La evolución de la música popular urbana desde el jazz hasta la actualidad. • La música soul. • Muro: el «imperio» de la guitarra eléctrica.	• La tecnología y su relación con las corrientes modernas de la música. • Utilización de Internet como fuente de acceso a la música moderna.	• Un mapa musical: los diferentes estilos de la música moderna. • Taller profesional: el concierto en directo.
• La música tradicional en la cultura árabe, en África Subsahariana, en Asia, Oceanía y América. • El folclore español. Caracteres y géneros. • El ritmo flamenco. Bulería. • Muro: el «Sistema» de Venezuela.	• Aplicación de diferentes técnicas de grabación para registrar manifestaciones musicales. • Utilización de Internet como fuente de acceso a la música tradicional de otros continentes.	• Un baile tradicional: la cultura del pueblo. • Taller profesional: la musicología.
• La historia de la música en España y sus períodos. • Compositores españoles más relevantes. • El uso de las escalas modales. • Muro: Música con denominación de origen. El flamenco.	• La tecnología en las últimas manifestaciones musicales. • Utilización de Internet como fuente de acceso a la música española.	• Los instrumentos transpositores: preparación de una partitura transportada. • Taller profesional: el oficio de músico.

ASÍ ES TU LIBRO

1 Apertura de la unidad

- Una gran fotografía acompaña un breve texto que favorece la reflexión, el diálogo, el trabajo colaborativo y la detección de ideas previas.

2 Contenidos

- El desarrollo de los contenidos, junto a las actividades y las audiciones, facilitan la compresion del papel de la música en los contextos sociales y culturales del pasado y del presente.

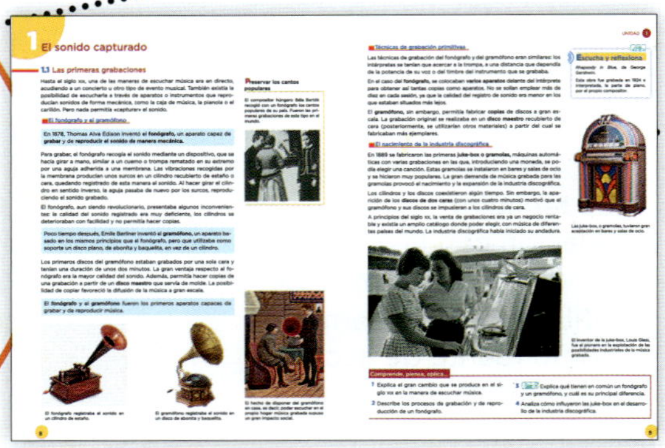

3 Escucha

- Audiciones de diferentes estilos y épocas te proporcionan nuevas experiencias musicales.
- Con actividades para facilitar la comprensión de la escucha musical.

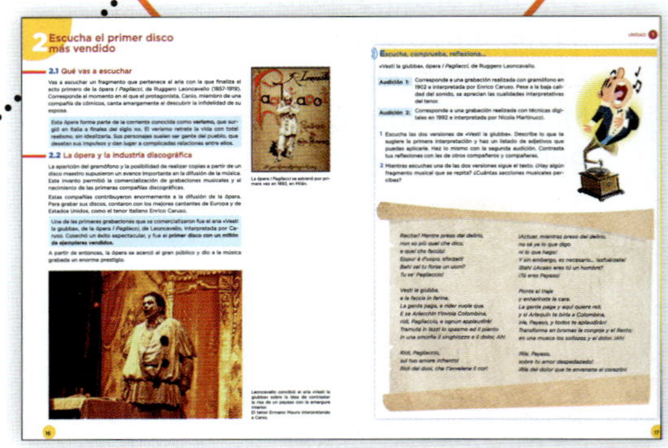

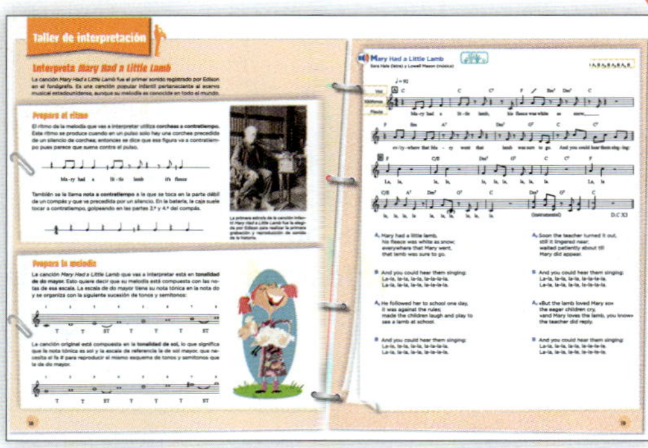

4 Taller de interpretación

- Con la interpretación pones en práctica lo aprendido y las actividades previas favorecen su preparación.
- Está indicada la pista de tu CD audio.

5 El muro y trabaja con lo aprendido

- El muro expresa temas interesantes de forma visual, anecdótica y entretenida.
- «Trabaja con lo aprendido» te permite evaluar tus conocimientos.

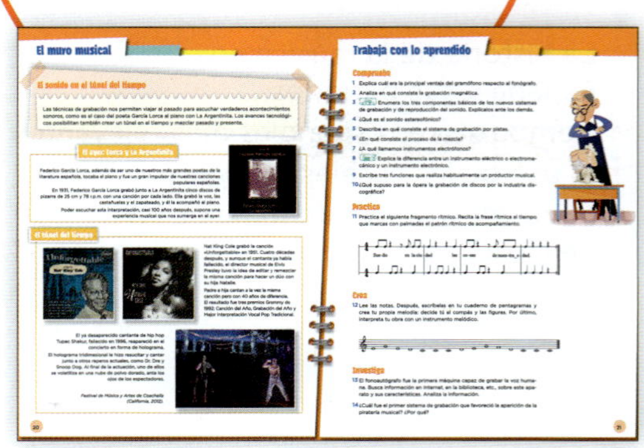

6 Emprende y aprende

- Una tarea que desarrolla tu actitud emprendedora, tu creatividad, tu autoestima, tu responsabilidad y tu capacidad de planificación.

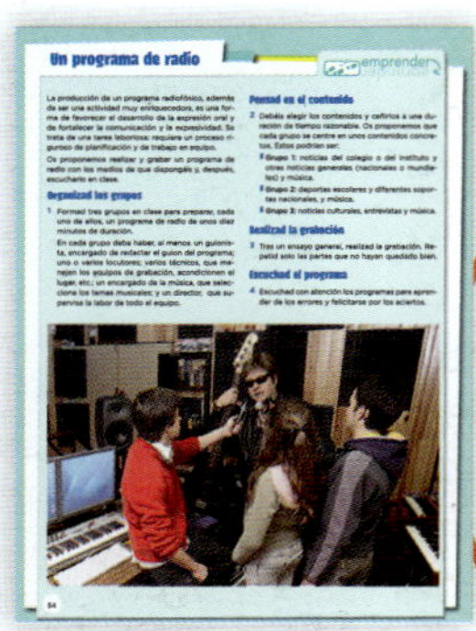

Más música

Con partituras para interpretar canciones tradicionales en inglés.

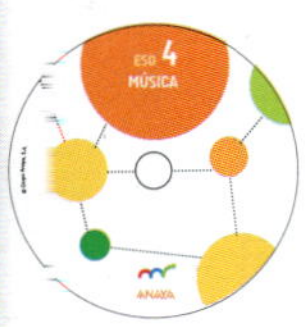

CD audio

Con las canciones del taller de interpretación.

La web del alumn@ y de la familia en anayaeducacion.es

¿Qué es? Un espacio lleno de recursos digitales para mejorar tu aprendizaje.

¿Cómo accedo? Regístrate en nuestra web e introduce el número de licencia q encontrarás al abrir este libro.

¿Cuándo accedo? Cuando el icono indique que en **www. anayaeducacion.** dispones de recursos relacionados con el contenido que estás estudiando. Y, por supues visita la web siempre que quieras descubrir y aprender más.

1

Persiguiendo el sonido

Hasta hace apenas 100 años, la humanidad iba persiguiendo el sonido con la intención de capturarlo, de poderlo grabar y reproducir a demanda.

Desde entonces, el mundo de la música ha experimentado una transformación sin precedentes desde la aparición de los primeros sistemas de grabación y de reproducción del sonido.

Sin duda, las nuevas tecnologías aplicadas a la música han tenido mucho que ver en ese revolucionario cambio.

Veo, pienso, me pregunto... Después, comparto.

1 Cómo fue esa primera vez en la que se capturó el sonido. ¿Qué se grabó? ¿Una canción?

2 En qué soporte se grabó y con qué aparato se reprodujo esa primera grabación.

3 Qué canción han escuchado millones de personas en el disco más vendido del mundo.

1 El sonido capturado

1.1 Las primeras grabaciones

Hasta el siglo XX, una de las maneras de escuchar música era en directo, acudiendo a un concierto u otro tipo de evento musical. También existía la posibilidad de escucharla a través de aparatos o instrumentos que reproducían sonidos de forma mecánica, como la caja de música, la pianola o el carillón. Pero nada permitía «capturar» el sonido.

El fonógrafo y el gramófono

En 1878, Thomas Alva Edison inventó el **fonógrafo,** un aparato capaz de **grabar** y de **reproducir el sonido de manera mecánica.**

Para grabar, el fonógrafo recogía el sonido mediante un dispositivo, que se hacía girar a mano, similar a un cuerno o trompa rematado en su extremo por una aguja adherida a una membrana. Las vibraciones recogidas por la membrana producían unos surcos en un cilindro recubierto de estaño o cera, quedando registrado de esta manera el sonido. Al hacer girar el cilindro en sentido inverso, la aguja pasaba de nuevo por los surcos, reproduciendo el sonido grabado.

El fonógrafo, aun siendo revolucionario, presentaba algunos inconvenientes: la calidad del sonido registrado era muy deficiente, los cilindros se deterioraban con facilidad y no permitía hacer copias.

Poco tiempo después, Emile Berliner inventó el **gramófono,** un aparato basado en los mismos principios que el fonógrafo, pero que utilizaba como soporte un disco plano, de ebonita y baquelita, en vez de un cilindro.

Los primeros discos del gramófono estaban grabados por una sola cara y tenían una duración de unos dos minutos. La gran ventaja respecto al fonógrafo era la mayor calidad del sonido. Además, permitía hacer copias de una grabación a partir de un **disco maestro** que servía de molde. La posibilidad de copiar favoreció la difusión de la música a gran escala.

El **fonógrafo** y el **gramófono** fueron los primeros aparatos capaces de grabar y de reproducir música.

El fonógrafo registraba el sonido en un cilindro de estaño o de cera.

El gramófono registraba el sonido en un disco de ebonita y baquelita.

Preservar los cantos populares

El compositor húngaro Béla Bartók recogió con un fonógrafo los cantos populares de su país. Fueron las primeras grabaciones de este tipo en el mundo.

El hecho de disponer del gramófono en casa, es decir, poder escuchar en el propio hogar música grabada supuso un gran impacto social.

Técnicas de grabación primitivas

Las técnicas de grabación del fonógrafo y del gramófono eran similares: los intérpretes se tenían que acercar a la trompa, a una distancia que dependía de la potencia de su voz o del timbre del instrumento que se grababa.

En el caso del **fonógrafo,** se colocaban **varios aparatos** delante del intérprete para obtener así tantas copias como aparatos. No se solían emplear más de diez en cada sesión, ya que la calidad del registro de sonido era menor en los que estaban situados más lejos.

El **gramófono,** sin embargo, permitía fabricar **copias** de discos a gran escala. La grabación original se realizaba en un **disco maestro** recubierto de cera (posteriormente, se utilizarían otros materiales) a partir del cual se fabricaban más ejemplares.

Escucha y reflexiona

Rhapsody in Blue, George Gershwin.

Esta obra fue grabada en 1924 e interpretada, la parte de piano, por el propio compositor.

El nacimiento de la industria discográfica

En 1889 se fabricaron las primeras **juke-box o gramolas,** máquinas automáticas con varias grabaciones en las que, introduciendo una moneda, se podía elegir una canción. Estas gramolas se instalaron en bares y salas de ocio y se hicieron muy populares. La gran demanda de música grabada para las gramolas provocó el nacimiento y la expansión de la industria discográfica.

Los cilindros y los discos coexistieron algún tiempo. Sin embargo, la aparición de los **discos de dos caras** (con unos cuatro minutos) motivó que el gramófono y sus discos se impusieran a los cilindros de cera.

A principios del siglo XX, la venta de grabaciones era ya un negocio rentable y existía un amplio catálogo donde poder elegir, con música de diferentes países del mundo. La industria discográfica había iniciado su andadura.

Las juke-box, o gramolas, tuvieron gran aceptación en bares y salas de ocio.

El inventor de la juke-box, Louis Glass, fue el pionero en la explotación de las posibilidades industriales de la música grabada.

Comprende, piensa, aplica...

1 Explica el gran cambio que se produce en el siglo XIX en la manera de escuchar música.

2 Describe los procesos de grabación y de reproducción de un fonógrafo.

3 Explica qué tienen en común un fonógrafo y un gramófono, y cuál es su principal diferencia.

4 Analiza cómo influyeron las juke-box en el desarrollo de la industria discográfica.

1.2 La aplicación de la electricidad

El fonógrafo y el gramófono no empleaban electricidad ni para grabar, ni para reproducir los sonidos. Tenían importantes limitaciones técnicas, como la baja calidad del sonido o la poca duración de las grabaciones.

El micrófono, el amplificador y el altavoz

La **aplicación de la electricidad** supuso la aparición de nuevos sistemas de grabación y de reproducción del sonido. A partir de ese momento, se incorporaron los tres componentes básicos de esos nuevos sistemas: el micrófono, el amplificador y el altavoz.

El **micrófono** recoge el sonido y lo convierte en señales eléctricas, el **amplificador** amplifica el voltaje de las señales y el **altavoz** las transforma en sonido.

El funcionamiento del micrófono

La membrana del micrófono recoge el sonido y lo convierte en un movimiento mecánico que mueve una bobina de hilo de cobre dentro del campo magnético de un imán. Así se transforma el sonido en señales eléctricas.

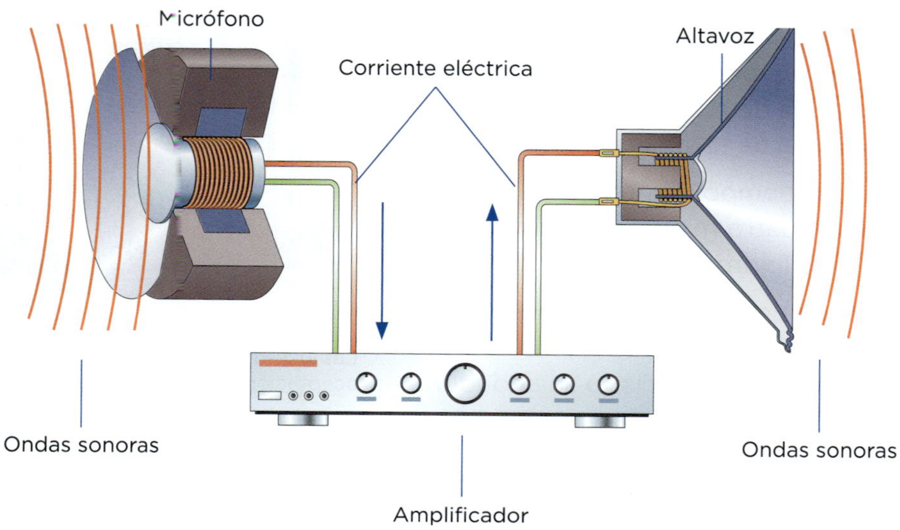

El sonido es recogido por el micrófono en forma de pequeños impulsos. Después de ser ampliado, su voltaje se envía al altavoz, que reproduce el sonido.

La grabación y la reproducción eléctrica del sonido dieron lugar también a la invención de nuevos aparatos: el **tocadiscos** y el **magnetófono.**

El tocadiscos

El **tocadiscos** surge de incorporar la electricidad al gramófono. Se compone de un plato donde se inserta el disco, un pequeño motor eléctrico que lo hace girar, un brazo articulado con una aguja lectora, un amplificador y un altavoz. Al igual que sus antecesores, este aparato no permite manipular la grabación.

El disco de baquelita fue sustituido por el disco de vinilo, un material plástico más ligero y resistente, que permitió grabar con surcos más finos, microsurcos, y, por tanto, registrar más tiempo de música.

Los discos de vinilo se comercializaron bajo dos formatos:

- **El LP** (de long play, larga duración), de 30 cm de diámetro, que giraba a 33 r.p.m. (revoluciones por minuto) y permitía una duración de unos 30 minutos por cara.
- **El single,** de menor tamaño (18 cm), que giraba a 45 r.p.m. y contenía unos 5 minutos por cara.

Discos de vinilo.

El magnetófono

La **aplicación conjunta de la electricidad y del magnetismo** dio lugar, en los años treinta del siglo xx, **a la grabación y a la reproducción magnética.** Con este sistema, durante la grabación, la señal eléctrica enviada por el micrófono es convertida en campos magnéticos por un electroimán que magnetiza una cinta. Durante la reproducción, los campos magnéticos de la cinta son convertidos en señales eléctricas.

La cinta magnética iba enrollada en dos bobinas de arrastre y se desplazaba gracias a un pequeño motor.

El **magnetófono** es el aparato que surgió a partir del nuevo sistema de grabación y reproducción magnética. Constaba de una **cinta magnética,** controles de encendido, apagado, avance, retroceso y grabación, y cabezales de grabación y de reproducción.

La gran novedad del magnetófono fue que el sonido grabado en **la cinta podía manipularse:** variar la velocidad, borrar, cortar fragmentos para eliminarlos o añadirlos en otro lugar, cambiar el orden de los sonidos, regrabar, etc.

En los años sesenta del siglo pasado se creó la **cinta casete,** un pequeño estuche de plástico que contenía una cinta magnética que podía escucharse en un nuevo tipo de magnetófono. La cinta casete se extendió rápidamente debido a su pequeño tamaño y fácil manejo, a su aceptable calidad de sonido y a que permitía grabar música procedente de discos, instrumentos musicales, voz, etc.

El *walkman*, reproductor portátil de cinta magnética, revolucionó la manera de escuchar música. Utilizaba auriculares estéreos y una cinta de casete con 60 minutos de música. La batería eran dos sencillas pilas.

El sistema estereofónico

La grabación en cinta magnética se perfeccionó con la aparición, en 1957, del sistema estereofónico que consiste en **grabar el sonido a través de dos canales distintos.** El sonido estereofónico consigue imitar la profundidad y el relieve del sonido real al reproducir las direcciones izquierda y derecha, de donde proviene cada fuente de sonido.

Hasta la aparición del estereofónico, las grabaciones se realizaban en «mono» (monoaural); es decir, se grababa y se reproducía el sonido por un solo canal.

Comprende, piensa, aplica...

1 Nombra los elementos básicos de los sistemas de grabación y de reproducción que emplean electricidad, y explica brevemente su función.

2 Explica las semejanzas y diferencias entre un tocadiscos y un magnetófono.

3 Enumera las ventajas que tenía la cinta casete respecto de otros soportes.

4 Escucha una canción con auriculares. Identifica los instrumentos e indica por qué oído escuchas cada uno.

1.3 La grabación por pistas

En 1948, el guitarrista e inventor Les Paul hizo una serie de mejoras en un magnetófono y lo convirtió en una grabadora en la que se podían añadir sonidos a otros ya grabados, pero sin borrar los anteriores. Fue el inicio de la grabación por pistas.

Hasta ese momento, los intérpretes debían asistir al estudio de grabación y tocar a un tiempo la obra. Se realizaban varias tomas de sonido y se seleccionaba la mejor grabación para el disco.

La **grabación por pistas** es un método de grabación de sonido que permite registrar múltiples fuentes sonoras por separado para luego unirlas y formar un todo.

La grabación por pistas tenía la ventaja de que no hacía falta grabar a todos los intérpretes a la vez, sino que se podían hacer tomas de cada instrumento por separado o añadir frases o efectos musicales a una canción. Actualmente, el uso de los ordenadores permite utilizar un gran número de pistas.

Les Paul desarrolló el magnetófono grabador por pistas.

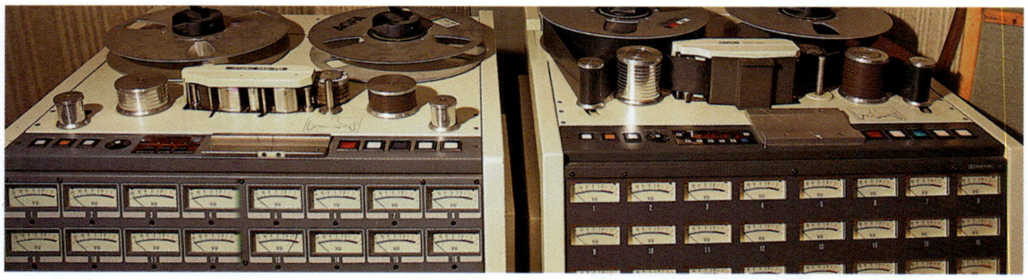

Cada pista grabada quedaba dispuesta en la cinta en bandas paralelas.

La mezcla

Una vez realizada la grabación por pistas, se lleva a cabo la **mezcla,** en la que cada pista se manipula con independencia de las demás, lo que permite hacer las correcciones necesarias. Para realizar la mezcla, se comienza por dar a cada pista el volumen y los matices adecuados para que todo quede equilibrado. También se añaden efectos como reverberaciones, ecos, etc.

La **mezcla** es el proceso mediante el cual se equilibran y se ajustan los sonidos de los diferentes instrumentos.

El resultado final de una mezcla es el **máster** de la grabación, a partir del cual se hacen las copias para su distribución y su venta.

Escucha, comprueba, reflexiona...

Could You Be Loved?, de Bob Marley.

1 Escucha diferentes mezclas de un fragmento de la canción. La primera es la mezcla adecuada; en cada una de las siguientes, se ha destacado ostensiblemente un instrumento, o se ha ocultado uno muy importante.

2 Anota en tu cuaderno las diferencias que percibas entre las mezclas escuchadas e identifica qué instrumentos destacan o se ocultan en cada una de ellas.

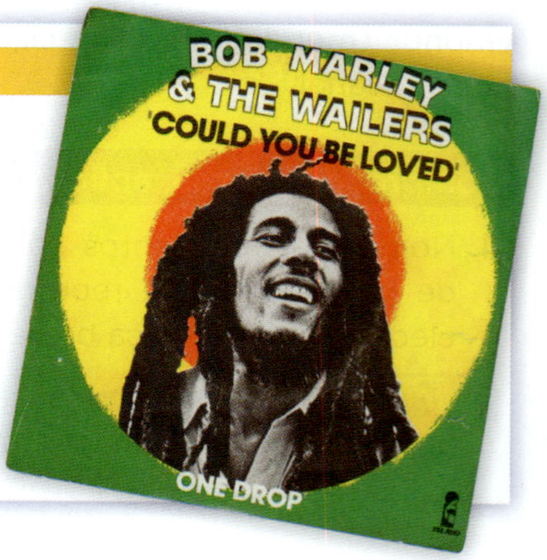

1.4 El estudio de grabación

La tecnología disponible desde los años cincuenta del siglo pasado (estéreo, LP, magnetófono, etc.) ofrecía un sonido mucho más nítido que el de las grabaciones realizadas hasta entonces. Se comenzó a prestar especial atención a la acústica de la sala de grabación, al tipo de micrófonos que se usaban, y dónde se colocaban, o a los efectos que se podían añadir a los sonidos. Estos esfuerzos por lograr un mejor sonido dieron resultado.

Las **grabaciones en estudio** daban una perspectiva musical diferente a las interpretaciones en directo. El sonido y la atmósfera conseguidos en el estudio pasaron a ser parte de la creación musical.

El estudio, un instrumento más

En la década de 1970, The Beatles y The Beach Boys, entre otros, hicieron un uso del estudio de grabación impensable hasta ese momento.

El estudio se convirtió en un instrumento musical utilizado con aspiraciones artísticas. Los productores pusieron la técnica al servicio de su imaginación.

El productor musical

El productor es el profesional encargado de coordinar y dirigir todo el proceso de elaboración de una grabación discográfica. Supervisa tanto los aspectos técnicos como los creativos y le da personalidad al resultado final.

Sus funciones son, entre otras, elegir al ingeniero de sonido, al mezclador y a los músicos que van a grabar; decidir qué canciones grabar y en qué orden; establecer qué arreglos son los más necesarios, etc.

Investiga

Visiona en la red el documental en versión original (con subtítulos en castellano) de "The Beatles in the Studio", en rtve. es. Comenta en clase.

El conocimiento y la creatividad del productor influirán decisivamente en el resultado de la grabación.

Taller profesional

En el proceso de grabación intervienen diversos profesionales, cada uno de los cuales realiza una función concreta. Para ejercer estas profesiones, se puede adquirir preparación en:

a) Escuelas de sonido profesional o en facultades universitarias de ingenieros de telecomunicaciones o de informática (el ingeniero o la ingeniera).

b) En diferentes campos de la música (el productor o la productora).

1 Busca información sobre las tareas concretas que realizan, respectivamente, el **ingeniero de sonido,** el **mezclador** y el **productor.**

2 Anota los nombres de los técnicos que hayan participado en la grabación de algunos de tus discos favoritos. Compara estos datos en clase y observa si alguno de ellos coincide en más de una grabación. En este caso, debate en grupo si esas grabaciones tienen algo en común en cuanto a su sonido.

1.5 Los nuevos sonidos

La aplicación de la electrónica al ámbito musical trajo consigo la aparición de nuevos aparatos e instrumentos y, por tanto, de nuevos sonidos. Esto supuso la incorporación de una nueva categoría de instrumentos a la clasificación existente hasta aquel momento: los **instrumentos electrófonos.**

Los **instrumentos electrófonos** son aquellos en los que el sonido se genera o se modifica mediante corrientes o circuitos electrónicos.

Dentro de los instrumentos electrófonos se diferencian dos categorías:

- **Instrumentos eléctricos o electromecánicos:** el sonido se produce por medios mecánicos (la pulsación de una tecla, la vibración de una cuerda, el paso de una columna de aire, etc.) y se amplifica electrónicamente.

  A esta categoría pertenecen todos los instrumentos convencionales a los que se incorpora una pastilla o micrófono para amplificar su sonido. Son, por ejemplo, la guitarra, el piano, el bajo o el violín eléctrico.

- **Instrumentos electrónicos:** el sonido se produce, se elabora y se amplifica por medios electrónicos mediante un oscilador. No es necesario un impulso mecánico previo. Los instrumentos pertenecientes a esta categoría producen una gran variedad de timbres y de registros sonoros. Los más habituales son el sintetizador y la caja de ritmos.

  La batería electrónica y el órgano son instrumentos electrónicos que precisan, necesariamente, de una acción humana.

El sintetizador

Fue en su día el más complejo y completo de los instrumentos electrónicos.

Este aparato crea y modifica las ondas sonoras. Esto permite la creación de sonidos totalmente nuevos, algunos de ellos, muy característicos.

La música electrónica utiliza instrumentos electrónicos y recursos digitales para la creación y producción de sonidos.

Efectos y filtros sonoros

Los **procesadores de efectos** transforman el timbre de la señal original de un instrumento eléctrico. Pensados originariamente para la guitarra eléctrica, se suelen presentar en **forma de pedales** que se colocan en el suelo, conectados entre el instrumento y el amplificador, y se pueden encadenar unos con otros para conseguir modificar el timbre de la señal.

Los pedales, que crearon el sonido del rock entre los años sesenta y setenta, siguen siendo muy utilizados.

Tanto en los estudios de grabación como en los conciertos (que no siempre se celebran en lugares dotados de una acústica ideal) se usan dispositivos que **filtran el sonido,** corrigen o potencian su calidad o emulan fenómenos acústicos.

Investiga

Visiona en la Red un vídeo de Jimi Hendrix (1942-1972), considerado uno de los mejores guitarristas eléctricos de la historia. Observa como maneja su guitarra y los pedales en la actuación que hizo con su banda en los estudios de la BBC de Londres en enero de 1969.

Los procesadores de efectos se sitúan en el suelo próximos a los pies de los guitarristas, para que puedan acceder a ellos con facilidad. En la imagen, Jimi Hendrix con la guitarra eléctrica y el pedal.

Escucha, comprueba, reflexiona...

Escucha varios ejemplos en los que se aplican distintos **filtros sonoros** a un piano. En primer lugar, vas a escuchar la toma normal y, a continuación, la toma después de haberle aplicado el filtro. Escribe en tu cuaderno las diferencias que escuchas y coméntalas en clase.

1 **Ecualizador:** potencia o atenúa una o varias frecuencias sonoras. Por ejemplo, si una nota del bajo retumba mucho, el ecualizador modera su frecuencia.

2 **Compresor:** comprime la señal de cualquier instrumento para evitar «picos» de volumen que desequilibrarían la señal.

3 **Reverb o reverberación:** prolonga el sonido, como sucede cuando este se refleja o rebota en una superficie que no lo absorbe. Así, se imitan las características acústicas de una catedral o de una pequeña habitación, por ejemplo.

4 **Eco o delay:** añade eco a cualquier instrumento, pudiendo elegir el tiempo entre la señal original y la repetición (delay) y el número de repeticiones.

2 Escucha el primer disco más vendido

2.1 Qué vas a escuchar

Vas a escuchar un fragmento que pertenece al aria con la que finaliza el acto primero de la ópera *I Pagliacci*, de Ruggero Leoncavallo (1857-1919). Corresponde al momento en el que el protagonista, Canio, miembro de una compañía de cómicos, canta amargamente al descubrir la infidelidad de su esposa.

Esta ópera forma parte de la corriente conocida como **verismo,** que surgió en Italia a finales del siglo XIX. El verismo retrata la vida con total realismo, sin idealizarla. Sus personajes suelen ser gente del pueblo, que desatan sus impulsos y dan lugar a complicadas relaciones entre ellos.

La ópera *I Pagliacci* se estrenó por primera vez en 1892, en Milán.

2.2 La ópera y la industria discográfica

La aparición del gramófono y la posibilidad de realizar **copias** a partir de un **disco maestro** supusieron un avance importante en la **difusión de la música.** Este invento permitió la comercialización de grabaciones musicales y el nacimiento de las **primeras compañías discográficas.**

Estas compañías contribuyeron enormemente a la difusión de la ópera. Para grabar sus discos, contaron con los mejores cantantes de Europa y de Estados Unidos, como el tenor italiano Enrico Caruso.

Una de las primeras grabaciones que se comercializaron fue el aria «Vesti la giubba», de la ópera *I Pagliacci*, de Leoncavallo, interpretada por Caruso. Cosechó un éxito espectacular, y fue el **primer disco con un millón de ejemplares vendidos.**

A partir de entonces, la ópera se acercó al gran público y dio a la música grabada un enorme prestigio.

Leoncavallo concibió el aria «Vesti la giubba» sobre la idea de contrastar la risa de un payaso con la amargura interior.
En la imagen, el tenor Ermano Mauro interpretando a Canio.

Escucha, comprueba, reflexiona...

«Vesti la giubba», ópera *I Pagliacci*, de Ruggero Leoncavallo.

Audición 1: Corresponde a una grabación realizada con **gramófono en 1902** e interpretada por **Enrico Caruso.** Pese a la baja calidad del sonido, se aprecian las cualidades interpretativas del tenor.

Audición 2: Corresponde a una grabación realizada con **técnicas digitales en 1992** e interpretada por **Nicola Martinucci.**

1 Escucha las dos versiones de «Vesti la giubba». Describe lo que te sugiere la primera interpretación y haz un listado de adjetivos que puedas aplicarle. Haz lo mismo con la segunda audición. Contrasta tus reflexiones con las de otros compañeros y compañeras.

2 Mientras escuchas una de las dos versiones sigue el texto. ¿Hay algún fragmento musical que se repita? ¿Cuántas secciones musicales percibes?

Recitar! Mentre preso dal delirio,
non so più quel che dico,
e quel che faccio!
Eppur è d'uopo, sforzati!
Bah! sei tu forse un uom?
Tu se' Pagliaccio!

Vesti la giubba,
e la faccia in farina.
La gente paga, e rider vuole qua.
E se Arlecchin t'invola Colombina,
ridi, Pagliaccio, e ognun applaudirà!
Tramuta in lazzi lo spasmo ed il pianto
in una smorfia il singhiozzo e il dolor, Ah!

Ridi, Pagliaccio,
sul tuo amore infranto!
Ridi del duol, che t'avvelena il cor!

¡Actuar, mientras preso del delirio,
no sé ya lo que digo
ni lo que hago!
Y sin embargo, es necesario... ¡esfuérzate!
¡Bah! ¿Acaso eres tú un hombre?
¡Tú eres Payaso!

Ponte el traje
y enharínate la cara.
La gente paga y aquí quiere reír,
y si Arlequín te birla a Colombina,
¡ríe, Payaso, y todos te aplaudirán!
Transforma en bromas la congoja y el llanto;
en una mueca los sollozos y el dolor. ¡Ah!

¡Ríe, Payaso,
sobre tu amor despedazado!
¡Ríe del dolor que te envenena el corazón!

Interpreta *Mary Had a Little Lamb*

La canción *Mary Had a Little Lamb* fue el primer sonido registrado por Edison en el fonógrafo. Es una canción popular infantil perteneciente al acervo musical estadounidense, aunque su melodía es conocida en todo el mundo.

La primera estrofa de la canción infantil *Mary Had a Little Lamb* fue la elegida por Edison para realizar la primera grabación y reproducción de sonido de la historia.

Prepara el ritmo

El ritmo de la melodía que vas a interpretar utiliza **corcheas a contratiempo.** Este ritmo se produce cuando en un pulso solo hay una corchea precedida de un silencio de corchea; entonces se dice que esa figura va a contratiempo pues parece que suena contra el pulso.

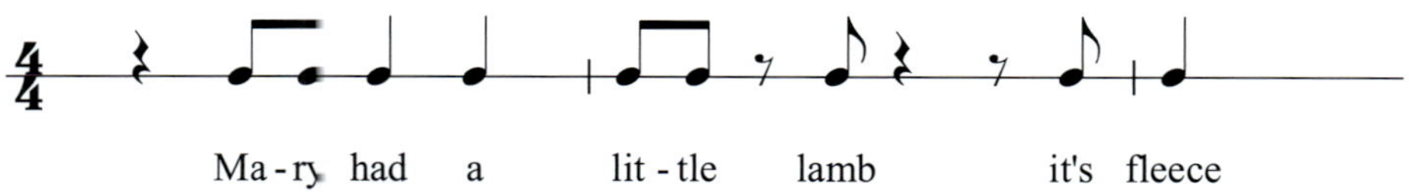

También se le llama **nota a contratiempo** a la que se toca en la parte débil de un compás y que va precedida por un silencio. En la batería, la caja suele tocar a contratiempo, golpeando en las partes 2.ª y 4.ª del compás.

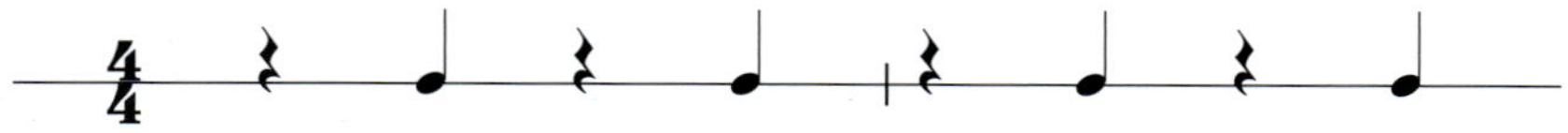

Prepara la melodía

La canción *Mary Had a Little Lamb* que vas a interpretar está en **tonalidad de do mayor.** Esto quiere decir que su melodía está compuesta con las notas de esa escala. La escala de do mayor tiene su nota tónica en la nota do y se organiza con la siguiente sucesión de tonos y semitonos:

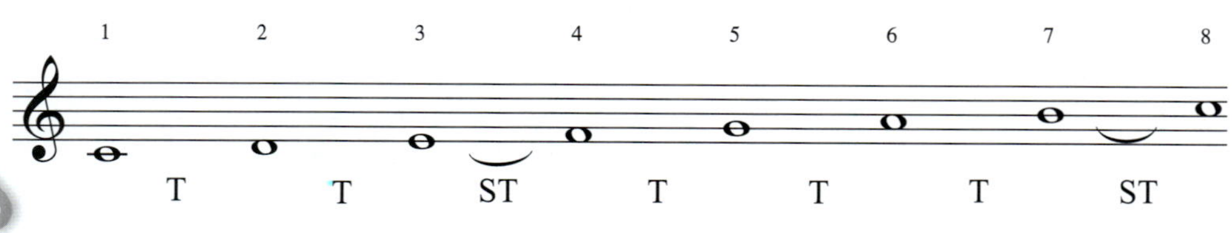

La canción original está compuesta en la **tonalidad de sol,** lo que significa que la nota tónica es sol y la escala de referencia la de sol mayor, que necesita el fa # para reproducir el mismo esquema de tonos y semitonos que la de do mayor.

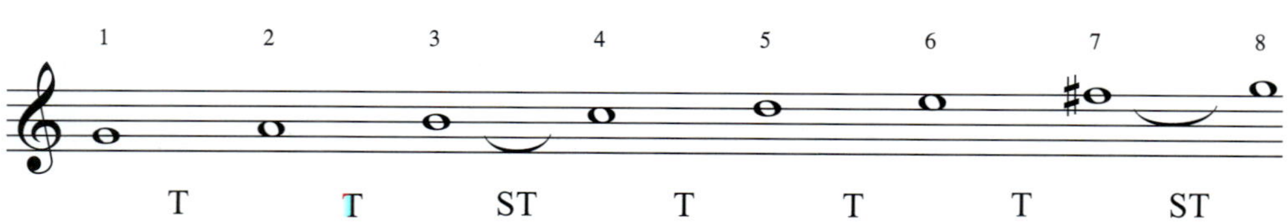

Mary Had a Little Lamb

Sara Hale (letra) y Lowell Mason (música)

I A₁ B A₂ B A₃ B A₄ B

A₁ Mary had a little lamb,
his fleece was white as snow;
everywhere that Mary went,
that lamb was sure to go.

B And you could hear them singing:
La-la, la-la, la-la, la-la-la-la.
La-la, la-la, la-la, la-la-la-la.

A₂ He followed her to school one day,
it was against the rules;
made the children laugh and play to
see a lamb at school.

B And you could hear them singing:
La-la, la-la, la-la, la-la-la-la.
La-la, la-la, la-la, la-la-la-la.

A₃ Soon the teacher turned it out,
still it lingered near;
waited patiently about till
Mary did appear.

B And you could hear them singing:
La-la, la-la, la-la, la-la-la-la.
La-la, la-la, la-la, la-la-la-la.

A₄ «But the lamb loved Mary so»
the eager children cry,
«and Mary loves the lamb, you know»
the teacher did reply.

B And you could hear them singing:
La-la, la-la, la-la, la-la-la-la.
La-la, la-la, la-la, la-la-la-la.

El sonido en el túnel del tiempo

Las técnicas de grabación nos permiten viajar al pasado para escuchar verdaderos acontecimientos sonoros, como es el caso del poeta García Lorca al piano con La Argentinita. Los avances tecnológicos posibilitan también crear un túnel en el tiempo y mezclar pasado y presente.

El ayer: Lorca y La Argentinita

Federico García Lorca, además de ser uno de nuestros más grandes poetas de la literatura española, tocaba el piano y fue un gran impulsor de nuestras canciones populares españolas.

En 1931, Federico García Lorca grabó junto a La Argentinita, cantaora y bailaora de flamenco, cinco discos de pizarra de 25 cm y 78 r.p.m. con una canción por cada lado. Ella grabó la voz, las castañuelas y el zapateado, y él la acompañó al piano.

Poder escuchar esta interpretación, casi 100 años después, supone una experiencia musical que nos sumerge en el ayer.

El túnel del tiempo

Nat King Cole grabó la canción *Unforgettable* en 1951. Cuatro décadas después, y aunque el cantante ya había fallecido, el director musical de Elvis Presley tuvo la idea de editar y remezclar la misma canción para hacer un dúo con su hija Natalie.

Padre e hija cantan a la vez la misma canción pero con 40 años de diferencia. El resultado fue tres premios Grammy de 1992: Canción del Año, Grabación del Año y Mejor Interpretación Vocal Pop Tradicional.

El ya desaparecido cantante de hip hop Tupac Shakur, fallecido en 1996, reapareció en el concierto en forma de holograma.

El holograma tridimesional le hizo «resucitar» y cantar junto a otros raperos actuales, como Dr. Dre y Snoop Dog. Al final de la actuación, uno de ellos, Tupac, se volatiliza en una nube de polvo dorado, ante los ojos de los espectadores.

Festival de Música y Artes de Coachella (California, 2012).

Trabaja con lo aprendido

Comprueba

1 Explica cuál era la principal ventaja del gramófono respecto al fonógrafo.

2 Analiza en qué consiste la grabación magnética.

3 Enumera los tres componentes básicos de los nuevos sistemas de grabación y de reproducción del sonido. Explícalos ante los demás.

4 ¿Qué es el sonido estereofónico?

5 Describe en qué consiste el sistema de grabación por pistas.

6 ¿En qué consiste el proceso de la mezcla?

7 ¿A qué llamamos instrumentos electrófonos?

8 Explica la diferencia entre un instrumento eléctrico o electromecánico y un instrumento electrónico.

9 Escribe tres funciones que realiza habitualmente un productor musical.

10 ¿Qué supuso para la ópera la grabación de discos por la industria discográfica?

Practica

11 Practica el siguiente fragmento rítmico. Recita la frase rítmica al tiempo que marcas con palmadas el patrón rítmico de acompañamiento.

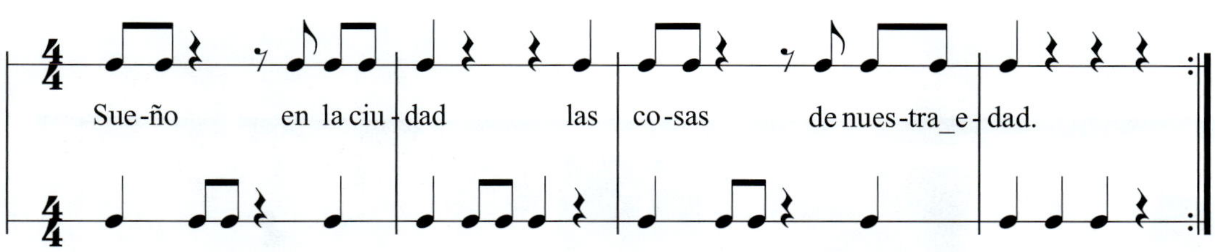

Crea

12 Lee las notas. Después, escríbelas en tu cuaderno de pentagramas y crea tu propia melodía: decide tú el compás y las figuras. Por último, interpreta tu obra con un instrumento melódico.

Investiga

13 El fonoautógrafo fue la primera máquina capaz de grabar la voz humana. Busca información en Internet, en la biblioteca, etc., sobre este aparato y sus características. Analiza la información.

14 Determina cuál fue el primer sistema de grabación que favoreció la aparición de la piratería musical y explica por qué.

Estrategias para el estudio

Cuando contamos con gran cantidad de información sobre algún tema y queremos transformarla en conocimiento, es necesario someterla a un tratamiento previo.

El tratamiento de la información exige desarrollar destrezas para organizarla, relacionarla, analizarla y así conseguir el máximo conocimiento de la información disponible.

Hoy día, el tratamiento de la información puede hacerse con el apoyo de las tecnologías de la información y la comunicación.

La propuesta siguiente pretende que adquieras la capacidad de relacionar y de organizar la información utilizando las herramientas informáticas que tengas a tu alcance. Se trata de confeccionar un cuadro cuya función es comparar y hacer patentes las diferencias o similitudes entre varios contenidos.

Extrae la información

1 Lee de nuevo la unidad y extrae la información relativa a las principales características de los sistemas de grabación y de reproducción del sonido. Anótalas en tu cuaderno.

Ordena la información

2 Ordena la información de acuerdo a determinados criterios: aparatos empleados, sistema de registro (mecánico o eléctrico), tipos de soportes…

Clasifica los datos y crea una tabla

3 Haz con tu ordenador un cuadro como el siguiente, clasificando los datos. Utiliza un programa informático adecuado (Word, Excel, OpenOffice.org Writer, etc.).

Tipo de aparato	Sistema de registro	Soporte	Posibilidad de copiar

2

Datos sonoros

Las nuevas tecnologías se han introducido de lleno en el ámbito musical hasta el punto de convertirse en una herramienta casi imprescindible.

La digitalización convierte la música en datos sonoros, lo que ha supuesto un cambio en la forma de trabajar de los músicos y en la manera de almacenar y de escuchar la música.

Veo, pienso, me pregunto... Después, comparto.

1 Cómo era el sonido analógico, sin la tecnología digital.

2 Qué cambios suponen la tecnología digital en el ámbito de la música.

3 Cuáles son las nuevas profesiones relacionadas con la informática musical.

4 Cómo se restauran las grabaciones antiguas.

1 Entre notas y datos

1.1 El sonido analógico y el sonido digital

El paso del sonido analógico al sonido digital es el avance más significativo que ha vivido el mundo del audio en toda su historia. Este cambio ha supuesto una total transformación en la manera de escuchar, de grabar y de reproducir el sonido.

Hasta la aparición de los ordenadores, el sonido se grababa siempre de forma analógica. El término analógico se utiliza actualmente en contraposición a digital.

- **Sonido analógico.** La grabación analógica **imita** las vibraciones del sonido real. Su señal eléctrica tiene una curva análoga (similar) a la onda sonora real.
- **Sonido digital.** La grabación digital no imita, sino que **convierte** las vibraciones del sonido en un código binario, que es el lenguaje de los ordenadores.

El sonido digital es una aproximación al sonido analógico. Se efectúa mediante información numérica transformada por un conversor. En cada punto de la onda sonora se toman muestras que miden la frecuencia y la amplitud, obteniéndose una imitación del sonido real.

A finales de la década de 1970, con el desarrollo de la informática, surge el sistema de grabación y de reproducción digital del sonido, que se impondrá paulatinamente sobre los sistemas analógicos.

El **sonido digital** se obtiene mediante un conversor que transforma el sonido real (analógico) en un archivo informático.

Unidad de información digital

La unidad mínima de información digital se llama **bit,** acrónimo de **bi**nary digi**t** (dígito binario).

El bit es un dígito del sistema de numeración binario (0 y 1) empleado en informática.

Los sistemas digitales, hoy día, han sustituido casi por completo a los sistemas analógicos. El sonido y la tecnología digitales ofrecen importantes ventajas sobre el sonido analógico, salvo en algunas excepciones.

El proceso de digitalización: el sonido digital

El sonido digital se obtiene del proceso de grabación digital: la señal producida por una fuente sonora es convertida en códigos binarios a través de un conversor, mediante un «muestreo» en el que se toman 44 100 muestras de sonido por segundo. Se utilizan también otras velocidades de muestreo que ofrecen mayor calidad como 48 000 y 96 000, sobre todo en el estudio de grabación.

El **conversor** es el dispositivo que transforma el sonido real en sonido digital. El proceso se realiza mediante un **muestreo** *(sampling)* del sonido.

Unidad básica de almacenamiento digital

El **byte** es la unidad básica de almacenamiento digital. Está formado por 8 bits.

1024 bytes equivalen a un kilobyte; 1024 kilobytes equivalen a un megabyte; 1024 megabytes equivalen a un gigabyte.

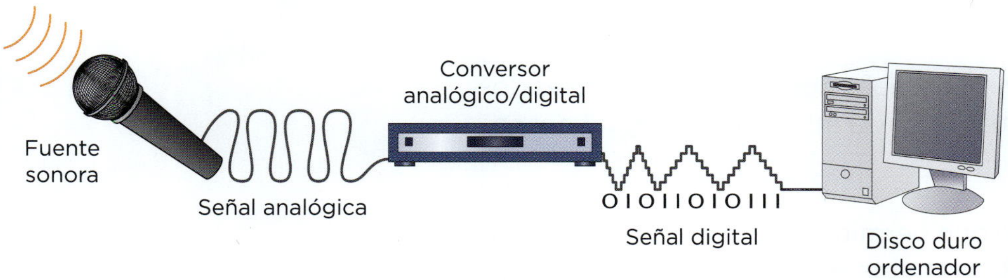

Esquema de grabación y almacenamiento del sonido digital.

Para la **reproducción** del sonido, el conversor sigue el **proceso inverso:** transforma la información digital en sonido real.

Frente al analógico, el sonido digital grabado se puede manipular (editar) para realizar las correcciones o las modificaciones necesarias de forma más efectiva, y se puede reproducir, bien desde el propio ordenador, bien a través de diferentes dispositivos móviles (teléfonos, tabletas) y formatos (MP3 o MP4).

El sonido digital también ha llegado al ámbito de la música clásica.

Comprende, piensa, aplica...

1 Escribe en tu cuaderno las principales diferencias entre el sonido analógico y el digital.

2 Explica el proceso de obtención del sonido digital.

3 ¿Cuál es el elemento fundamental para realizar una grabación de sonido digital? ¿Por qué?

4 Investiga y redacta en qué consiste el muestreo del sonido.

1.2 El sistema MIDI

Con la digitalización del sonido aparecieron en el mercado **numerosos aparatos y dispositivos digitales.** Antes de la llegada del sistema de comunicación MIDI, cada fabricante utilizaba microprocesadores diferentes para sus instrumentos electrónicos. Esto suponía un problema, ya que no se podían conectar entre sí aparatos de diferentes marcas que trabajaban con diferentes códigos informáticos.

El **sistema MIDI** (Musical Instrument Digital Interface) nació en 1983, tras un acuerdo entre fabricantes para **unificar los códigos informáticos.** El MIDI no es un sonido, ni un conjunto de sonidos, ni un archivo sonoro. Es, simplemente, un **sistema de comunicación digital,** por eso se denomina también «protocolo MIDI».

MIDI es un protocolo de conexión entre aparatos digitales (sintetizadores, ordenadores...) a través del cual se envía información digital del sonido a un ordenador.

Este sistema procesa la información que permite controlar, con el programa de ordenador adecuado, la altura de las notas, su duración, su volumen y el número de programa que indica el instrumento o canal MIDI que se utiliza.

El MIDI tiene dos componentes básicos: la **interfaz,** dispositivo que sirve para enviar y recibir datos MIDI desde el ordenador, y los **cables** y **conectores,** que conectan los aparatos entre sí, y por los que circula la información MIDI.

La **comunicación de datos** MIDI se realiza entre un **dispositivo «master»** (maestro), que tiene la función de controlador y cuya misión es crear mensajes MIDI y enviarlos a uno o varios **dispositivos «slave»** (esclavo), que reciben e interpretan el mensaje.

El «master» también genera el código de tiempo que permite sincronizar todos los aparatos para funcionar simultáneamente y a tempo.

Escucha y reflexiona

Bosque, de Santi Vega.

Fragmento interpretado con instrumental MIDI.

En el estudio de grabación, los instrumentos son conectados al ordenador a través de su salida MIDI, Fire Wire o USB.

Los aparatos interconectados

Los aparatos digitales conectados entre sí mediante el sistema MIDI favorecieron la labor de músicos y productores y crearon una nueva manera de trabajar.

Los principales aparatos digitales conectados con el sistema MIDI son el **sampler,** la **caja de ritmos,** el **secuenciador** y el **sintetizador.**

El **sampler** graba digitalmente muestras de un sonido real (un silbido, sonidos de animales, la propia voz...) y puede modificar cualquiera de sus cualidades con la ayuda de un teclado o un ordenador. De este modo, el propio teclado es capaz de imitar cualquier sonido.

La **caja de ritmos** permite programar fragmentos rítmicos con sonidos de percusión y se puede considerar la evolución de la batería electrónica. En la actualidad, es un elemento imprescindible, sobre todo en grupos de música hip-hop, rap o dance.

El **secuenciador** permite almacenar, programar y reproducir fragmentos musicales enviados desde los aparatos MIDI, como las cajas de ritmos o los *samplers.*

El **sintetizador** genera sonidos mediante formas de onda o tipos de ruido creados electrónicamente, y emite infinidad de timbres, pudiendo imitar gran cantidad de instrumentos reales e interesantes sonidos que de otra forma sería imposible obtener.

Los **sonidos resultantes** proporcionados por estos aparatos se comenzaron a utilizar en diversos estilos musicales y fueron la base para el desarrollo de la **música electrónica.**

Instrumentos MIDI

Además de estos aparatos, aparecieron en el mercado los denominados «instrumentos MIDI».

Estos instrumentos funcionan como acústicos, pero están conectados a uno o varios dispositivos digitales, que proporcionan los sonidos. Entre ellos están el saxo y la guitarra MIDI.

Escucha y reflexiona

Fragmentos musicales interpretados con un saxo MIDI y una guitarra MIDI.

¿Percibes alguna diferencia entre esta música y la interpretada con un teclado? Coméntalo en clase.

La música electrónica, interpretada por máquinas, es igualmente capaz de transmitir emociones.

1.3 Soportes y formatos del sonido digital

La **digitalización del sonido** supuso la aparición de nuevos soportes y formatos. El **soporte** es el elemento en el que se almacenan los datos grabados digitalmente. Estos datos se guardan como archivos de sonido en diferentes formatos. El **formato** es la forma de codificar la información para almacenarla en un soporte.

El primer CD

El primer CD desarrollado por la compañía Philips fue de 74 minutos, que era la duración de la *Novena Sinfonía* de Beethoven.

Soportes digitales de almacenamiento

El CD o Compact Disc, comercializado desde 1982, se convirtió en el principal soporte de sonido digital. Ofrecía ventajas respecto al disco de vinilo: menor tamaño, y fácil conservación y manejo. El CD permite escuchar, generalmente, 74 minutos de música sin interrupción, lo que ha hecho posible la edición de las grandes obras clásicas en un solo volumen.

Aunque su sonido es de mejor calidad, hay quienes piensan que es frío y metálico en contraposición a la calidez del sonido analógico de los vinilos.

El DVD (Digital Versatile Disc) es una consecuencia del CD y del almacenamiento de datos informáticos. Tiene seis veces más capacidad que el CD y aunque fue ideado para contener imágenes, almacena música con mayor calidad que en el CD.

El Super Audio CD (SACD) usa una tecnología diferente de la del CD, y tiene una capacidad de almacenamiento mayor. Para almacenar la música, utiliza una velocidad de muestreo muy superior a la del CD, luego su calidad es sensiblemente mayor. Su uso no está muy extendido, puesto que necesita un reproductor específico para su óptima audición. Sin embargo, cuenta con la ventaja de que se puede escuchar en un reproductor normal, aunque con calidad de CD.

La cinta DAT (Digital Audio Tape) se basa en el mismo soporte que el magnetófono, una cinta magnética, pero con la diferencia de que la información que se almacena en esta cinta es digital. El DAT tiene, además, otras ventajas respecto al CD: una mejor calidad de sonido y una mayor capacidad de almacenamiento.

En 1980, Sony desarrolló la cinta de audio digital (DAT). Su utilización fue, principalmente, profesional. Su fabricación se suspendió en 2005.

Otros soportes digitales de almacenamiento son los discos duros externos, los dispositivos pen-drive o lápiz de memoria, las tarjetas de memoria, etcétera.

Formatos de audio digital

El tamaño de los archivos sin comprimir hace muy difícil su envío por Internet, lo que ha llevado a desarrollar formas de comprimir archivos digitales y así crear formatos más ligeros. Con el tiempo, se han ido desarrollando diversos **formatos de audio** según los diferentes niveles de compresión y de calidad del sonido que se deseen.

El comercio de la música en Internet es la forma más utilizada de acceder a ella.

Los **formatos sin comprimir** más habituales son el **WAV** y el **AIFF.** Ambos son archivos de sonido de alta calidad que contienen una gran cantidad de información y que, por tanto, necesitan mucho espacio en la memoria del soporte de grabación o reproducción.

El **formato digital de compresión** más empleado es el **MP3,** que permite reducir el tamaño de los archivos de sonido eliminando las frecuencias difícilmente perceptibles para el oído humano. El resultado es un archivo mucho más pequeño sin una pérdida apreciable de calidad.

El formato MP3 ofrece grandes ventajas: es fácil convertir las pistas de audio de otros formatos en archivos MP3, se pueden enviar por Internet y en cualquier dispositivo móvil se pueden almacenar una gran cantidad de canciones.

Los dispositivos móviles como los teléfonos y Smartphones, las tabletas, los ordenadores, etc., son soportes digitales capaces de almacenar y reproducir cientos de canciones.
Hoy día, son el medio más empleado para escuchar música.

Comprende, piensa, aplica...

1 Explica en qué consiste el sistema MIDI y cuáles son sus componentes básicos.

2 Escribe en tu cuaderno cuáles son las funciones que tienen los dispositivos «master» y «slave» en un sistema MIDI.

3 Explica la diferencia entre un soporte y un formato digital.

4 Enumera los soportes digitales que conozcas e indica cuál utilizas habitualmente para escuchar música.

1.4 La informática en la música

La aplicación de la informática en el ámbito musical ofrece numerosas posibilidades. Hoy día, los ordenadores están presentes tanto en el proceso de creación musical como en el de grabación y en el de reproducción.

La creación musical con ordenadores

A través de **programas de secuenciación,** la creación musical con ordenadores permite que la música se pueda programar, modificar y ver su representación gráfica en la pantalla. Los secuenciadores utilizan el sistema MIDI.

Los programas de secuenciación son de gran ayuda para compositores, arreglistas e, incluso, intérpretes en directo. Con la mejora de los sonidos utilizables, casi todos los instrumentos pueden ser imitados creíblemente. Así, un compositor o un arreglista puede ir esbozando su obra e ir escuchándola a la vez.

También existen **programas de edición de partituras** que permiten trabajar la música y corregirla del mismo modo que en un programa de texto. Estos programas tienen la ventaja de poder escuchar la música que se escribe y de poder realizar los cambios que se precisen de forma automática.

La grabación musical con ordenadores

El uso del ordenador en el estudio de grabación tiene grandes ventajas. La música, una vez grabada, se puede editar, igual que se hace con un procesador de textos. De este modo, cualquier interpretación, vocal o instrumental, puede ser modificada o corregida, hasta obtener el resultado deseado.

Software musical

Programas secuenciadores:

- Pro Tools.
- Cubase.
- Logic.
- Digital Performer.
- Nuendo.

Programas de edición de partituras:

- Sibelius.
- Finale.

Los ordenadores se han ido incorporando al proceso de grabación, a medida que ha avanzado la tecnología.

El arreglo musical

El **arreglista** es el profesional que compone la **instrumentación final** de una pieza musical **a partir de la composición original.** Sus funciones son, entre otras, elegir qué instrumentos intervienen y escribir las notas que toca cada uno, así como establecer el orden de las diferentes secciones, modificar acompañamientos rítmicos, etc.

El ordenador permite al arreglista disponer de los timbres de los instrumentos de una orquesta o de un grupo, escribir la música sobre el pentagrama, ver el resultado en la pantalla y escucharla en el momento. Al mismo tiempo, puede grabar instrumentos reales y mezclarlos con los virtuales. Para ello, existen aplicaciones informáticas muy completas que permiten realizar todas estas labores.

Investiga

Visiona en la red el proceso de grabación del grupo andaluz Visión sonora, que realizó en los estudios Montepríncipe (Madrid) y producido por Nigel Walker. Comenta en clase.

Mediante las herramientas del sistema MIDI, el arreglista registra en el ordenador las notas pulsadas en el teclado.

Taller profesional

Hay un gran número de profesionales relacionados con la informática musical. Entre otros, destacan el compositor de música electroacústica, el programador (informático) musical y el editor de partituras (o copista).

El **compositor de música** electroacústica crea la obra utilizando timbres generados por ordenador.

El **programador** es un arreglista que, utilizando un programa secuenciador, graba en el ordenador la música creada por el compositor utilizando *samplers* y sintetizadores. A veces, solo tiene conocimientos de música moderna y de informática, pero, cada vez más, también una titulación musical.

El **editor de partituras** introduce en el ordenador, con un programa editor, la información de una partitura manuscrita. Para ejercer su profesión, requiere conocimientos de lenguaje musical y de informática musical.

1. Investiga sobre qué tareas concretas desempeña cada uno de estos profesionales.
2. Anota los nombres de los programadores que hayan participado en la grabación de algunos de tus discos favoritos. Compara estos datos en clase y observa si alguno de ellos coincide en más de una grabación.

2 Escucha una remasterización

2.1 Qué vas a escuchar

La canción que vas a escuchar es una versión en estilo jazz de la canción tradicional navideña *Jingle Bells*. La grabación se llevó a cabo en octubre de 1938 y está interpretada por el Nat King Cole Trio. Se trata de una composición realizada para tres voces e instrumentos.

La versión original fue grabada y mezclada de manera analógica y comercializada en soporte de vinilo. La versión que vas a escuchar está remasterizada digitalmente en el año 2000 y grabada en soporte CD.

La remasterización

La remasterización es un proceso técnico digital por el que se restaura un audio original para mejorar su sonido.

Permite obtener un audio libre de defectos y, además, un nuevo «master» en un soporte y con un formato digital actualizado.

2.2 El estilo jazz remasterizado

El **jazz** es un estilo musical surgido a principios del siglo XX. Su **origen** se remonta a las **canciones de trabajo de los esclavos** del sur de los EE. UU.

Los **precedentes** del jazz se encuentran, por un lado, en las **bandas** de instrumentos de **metal** formadas por músicos afroamericanos, ya liberados de la esclavitud. Y, por otro lado, en el estilo **ragtime,** caracterizado por ser música para piano de ritmo sincopado.

En **Nueva Orleans** se desarrollaron las primeras manifestaciones musicales de jazz, que estaban inspiradas en las marchas militares europeas. En ellas, la melodía principal podía ser modificada a gusto del intérprete. Las **improvisaciones** sobre unas armonías sencillas hacían de este jazz inicial una música muy alegre.

Las principales **características** del estilo jazz son el ritmo marcado que condiciona la melodía, el uso frecuente de las síncopas, la improvisación instrumental y la gran expresividad del solista.

El jazz se convirtió en uno de los estilos más influyentes de la música popular y evolucionó con diferentes variantes a lo largo de la segunda mitad del siglo XX.

Escucha, comprueba, reflexiona...

Remasterización de *Jingle Bells*, Nat King Cole Trio.

El cantante y pianista Nat King Cole se formó como músico bajo las influencias del jazz y del gospel.

La improvisación es una característica del jazz. A partir de una melodía ya existente, como este famoso tema navideño, los músicos improvisan sobre la armonía o el ritmo. Posteriormente, un arreglista es el encargado de dar forma a la nueva versión sobre la que los músicos harán improvisaciones, utilizando los elementos propios del lenguaje musical del estilo jazz.

Escucha en la audición cómo el arreglista ha diseñado un estilo jazzístico para la melodía. Además, la ha fragmentado en partes entre las que ha intercalado vocalizaciones improvisadas de los cantantes.

1 Escucha atentamente mientras sigues esta estructura formal:

Introducción	Parte Ax 2	Parte B	Coda

2 Escucha y canta la canción. Averigua en qué partes se canta y en qué momento se realiza la improvisación vocal. ¿Qué versos se repiten?

A Jingle bells, jingle bells,
jingle all the way!
O what fun it is to ride
In a one-horse open sleigh.

B_1 Dashing through the snow
on a one-horse open sleigh,
over the fields we go,
laughing all the way;

B_2 Bells on bob-tail ring,
a making spirits bright,
what fun it is to ride and sing
sleighing song tonight.

3 ¿Qué cuatro instrumentos discriminas? Escríbelos en tu cuaderno.

4 ¿Cuál de los siguientes fragmentos rítmicos encaja en la presentación del tema que hacen las voces?

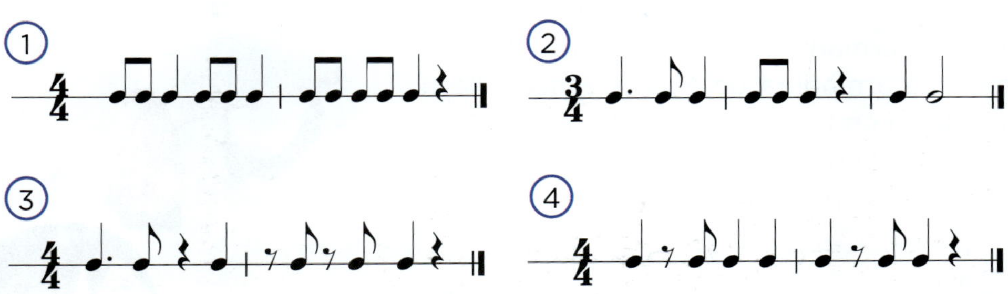

Taller de interpretación

Interpreta *Mull Of Kintyre*

La canción *Mull Of Kintyre* se grabó en la cara A de un single de la banda británica Wings. Es una balada nostálgica escrita por Paul McCartney. En pocos meses se convirtió en el primer single que vendió más de 2 millones de copias en el Reino Unido (noviembre, 1977).

Prepara el ritmo

El **puntillo** y la **ligadura** son signos de prolongación que permiten que una nota amplíe su duración.

El **puntillo** añade a la nota la mitad de su propia duración.

La **ligadura** suma la duración de las figuras ligadas, que han de ser de igual altura.

Practica los siguientes fragmentos cuyos ritmos utilizan signos de prolongación.

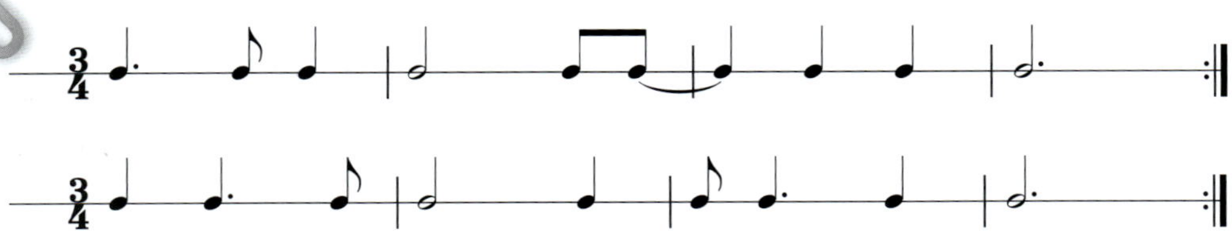

Signos de prolongación

Ligadura

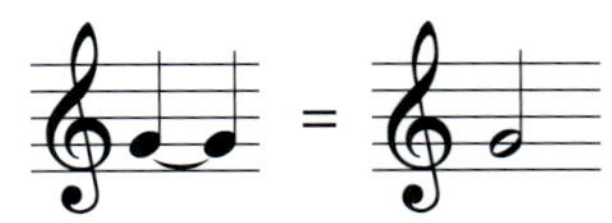

Puntillo

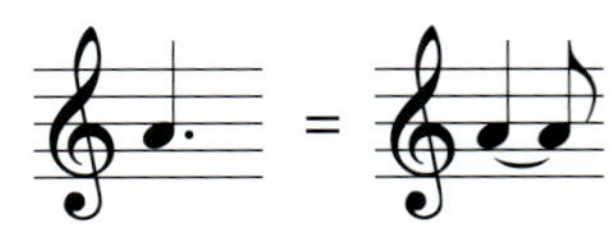

Prepara la melodía

Las **alteraciones** que se escriben en la **armadura** de la partitura determinan la tonalidad de la composición. La armadura de *Mull of Kintyre* lleva un bemol en la nota si y está compuesta en la tonalidad de fa mayor. Esto significa que la escala tiene como tónica la nota fa y que lleva el orden de tonos y de semitonos que corresponden a una escala mayor.

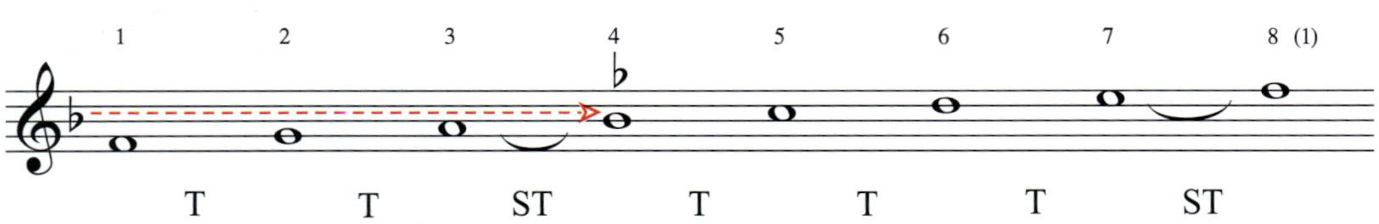

La melodía es **pentatónica,** lo que indica que utiliza solo cinco notas de la escala mayor. Paul McCartney se inspiró en la música tradicional escocesa, que utiliza este tipo de escalas.

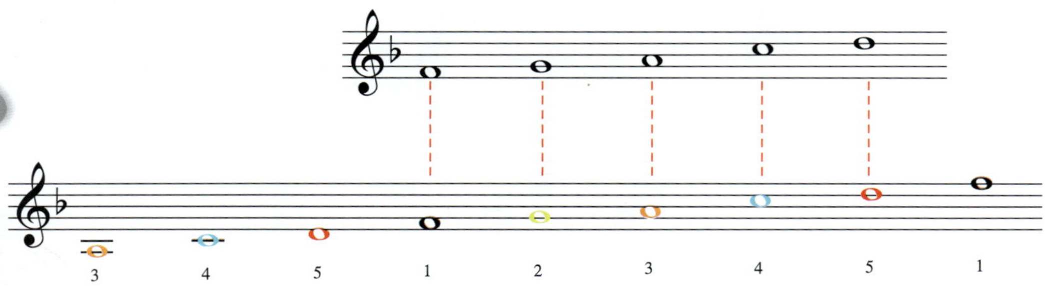

Mull Of Kintyre

Paul McCartney

I A B I A B I A B C

Voz

Xilófonos

Flauta

La remasterización: ¿maquillaje tecnológico o marketing?

La **masterización** de un disco de sonido es el toque final que se le da a una mezcla de audio, para equilibrar todas las canciones de un disco entre sí, y para aprovechar al máximo el rango dinámico de la señal de audio y conseguir mayor calidad.

La **remasterización** consiste en crear un nuevo «master» mejorado, aprovechando la tecnología digital actual. De ese modo se corrigen los problemas que presentaba el primer master viejo, con la intención de volver a comercializarlo.

Edición original de un disco de vinilo.

Remasterización en doble CD.

Las remasterizaciones de los discos de los Beatles han suscitado discrepancias entre sus muchos seguidores: ¿mono o estéreo? ¿vinilo o CD? ¿ediciones antiguas o actuales...?; pero coinciden en que han sido un buen negocio para su discográfica.

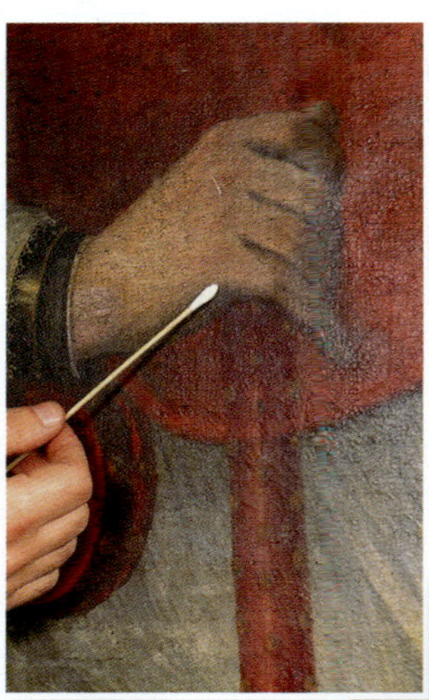

Remasterizar es más parecido a restaurar un cuadro que a modificar una imagen por Photoshop.

La verdadera calidad del sonido hay que buscarla en el momento de la grabación.

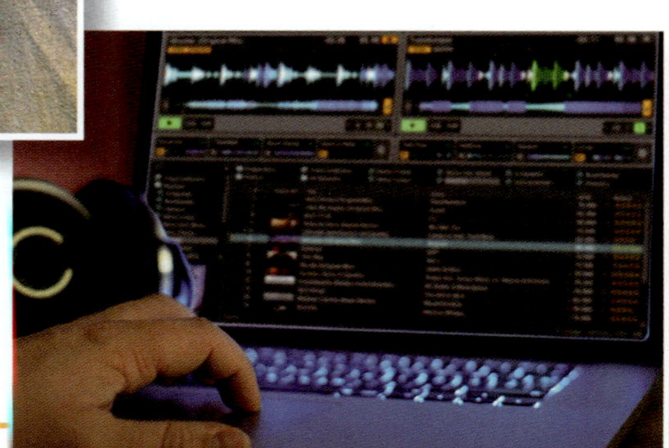

Ya hay programas que con un solo clic eliminan los sonidos molestos con una calidad que parece de estudio, aunque hayan sido grabados con un simple smartphone en un concierto en directo.

Trabaja con lo aprendido

Comprueba

1 Explica en tu cuaderno en qué consiste el sonido analógico y en qué se diferencia del sonido digital.

2 ¿Cuáles son los principales aparatos digitales conectados con el sistema MIDI? Defínelos.

3 Escribe en tu cuaderno los nombres de los principales soportes digitales y cuáles son sus características.

4 ¿Por qué es necesaria la compresión de los formatos de sonido digital?

5 Explica en qué consiste la remasterización.

6 ¿Qué tipo de programas se utilizan en la creación musical con ordenadores? Explícalo en tu cuaderno.

7 Escribe algunas de las funciones que realiza un arreglista.

8 Enumera las principales características del jazz.

Practica

9 Copia la partitura siguiente en tu cuaderno de pentagramas y contesta a las preguntas: ¿en qué compás y en qué tonalidad está escrito el fragmento? ¿Cuántos compases tiene? ¿Qué notas diferentes se han utilizado? ¿Por qué después de cada negra con puntillo hay una corchea?

10 Interpreta estos fragmentos rítmicos sin perder el compás. Fíjate en los signos de prolongación.

Investiga

11 Investiga acerca de la utilización del sampler: en qué estilos de música es habitual, qué artistas o qué productores lo han empleado...

Los formatos de audio digital

emprender aprender

En esta unidad has aprendido que la forma de codificar la información digital para ser almacenada en un soporte recibe el nombre de formato y que los formatos de audio digital más comunes hoy en día son el formato WAV, el AIFF, el MP3 y el MP4.

También has podido resolver cuestiones tales como: ¿por qué es importante disponer de diferentes formatos? o, ¿qué se persigue con los formatos comprimidos?

Una canción ocupa diferente cantidad de memoria según el formato en el que se haya realizado la grabación digital.

A continuación vas a comprobar, a través de datos concretos, las diferencias de memoria existentes entre distintos formatos comprimidos de audio.

Diseña tu propia estrategia

1 Elige una canción o archivo de audio de breve duración.

2 Consigue un programa informático que te permita pasar el archivo de un formato a otro. En Internet puedes encontrar algunos de dominio público (adopta todas las precauciones necesarias para evitar virus).

3 Pasa tu archivo a diferentes formatos; unos, comprimidos; otros, no.

Organiza la información

4 Haz un listado del tamaño de cada uno de los archivos que has ido generando y elabora un diagrama de barras para compararlos todos.

Extrae conclusiones

5 Comparte en clase las conclusiones a las que has llegado después de realizar la actividad: respecto a los tamaños de los archivos, sobre la calidad que percibes en cada uno de los nuevos formatos, etcétera.

3

La difusión musical

La música, como lenguaje y como medio de comunicación no verbal, constituye un elemento de gran valor en la vida de las personas.

En la actualidad, vivimos en contacto permanente con la música gracias a su presencia en los medios de comunicación. La radio, la televisión e Internet han hecho posible la difusión musical a unos niveles impensables hace unas décadas.

Veo, pienso, me pregunto... Después, comparto.

1 Cómo ha influido la invención de la radio en el desarrollo de las comunicaciones.

2 Si es posible interpretar obras de teatro emitidas por la radio: radioteatro.

3 Cuál fue el desarrollo de la televisión y su influencia en la difusión de la música.

4 Internet como herramienta de difusión musical.

1 El salto a las ondas

1.1 La llegada de la radiocomunicación

La llegada de la **radio, en los años veinte** del siglo pasado, provocó un cambio en la sociedad: los ciudadanos de entonces se encontraron, por primera vez, con la posibilidad de recibir música, noticias, discursos, opiniones, etc., en sus casas. A su vez, la importancia que tuvo la radio en la difusión de la música fue incalculable.

La invención de la radio fue posible gracias al descubrimiento de las ondas electromagnéticas y a su capacidad de propagarse por el aire.

La **radio** es un medio de comunicación que permite la emisión y la recepción del sonido mediante **ondas electromagnéticas.**

El físico Lee de Forest es considerado como uno de los padres de la radio.

El origen de la radio

La aparición de la radio, tal como la conocemos hoy, fue posible gracias a las **aportaciones de varios científicos e inventores.**

La invención de la radio se atribuyó tradicionalmente al italiano **Marconi**, quien, en 1895, emitió las primeras señales acústicas sin cable. Sin embargo, fue el inventor croata **Nikola Tesla** quien, en 1893, construyó el primer radiotransmisor que emitió ondas electromagnéticas sin cables, aunque hasta después de su muerte no se le reconoció su mérito.

Unos años después (1907), **Lee de Forest** inventó el triodo, basado en la bombilla de Edison. Se trata de una bombilla o válvula amplificadora que permitía la amplificación de la señal recibida. Fue un gran avance en la transmisión del sonido sin la utilización de cables.

En definitiva, varios científicos e inventores, que desarrollaron su trabajo a finales del siglo XIX, consiguieron inventar la radio gracias a los avances que cada uno iba aportando: Popov (Rusia), Tesla (EE. UU.), Marconi (R. Unido), Cervera (España). Fue un proceso paulatino ligado al desarrollo de la telegrafía y del teléfono.

La radio se convirtió en el mayor y más rápido medio de comunicación hasta la llegada de la televisión.
La influencia de la radio en la sociedad se produce desde sus inicios. Además, al ser un aparato económico, pronto se introdujo en todos los hogares.

Los sistemas de transmisión

Las ondas sonoras, para poder ser transmitidas por radio, han de mezclarse con ondas portadoras. A este proceso se le denomina modulación y puede hacerse mediante dos sistemas: AM y FM.

En **AM** (Amplitud Modulada) el sonido se emite mediante la modulación de la **amplitud** de la onda portadora; y en **FM** (Frecuencia Modulada), mediante la modulación de la **frecuencia** de la onda portadora.

Las **señales** de audio de **AM,** por lo general, tienen **mayor alcance** pero son más **pobres** en cuanto a la **calidad** de la señal que reproducen. Por el contrario, las **señales de FM** tienen **menor alcance** pero una **mayor calidad,** con menos ruidos de fondo e interferencias.

Cada radio, al **compartir el mismo espacio de emisión,** debe utilizar una frecuencia o amplitud de onda diferente para evitar que se produzcan interferencias entre ellas. Por ello, los aparatos de radio disponen de un **dial** que permite «sintonizar», es decir, seleccionar la amplitud o frecuencia de onda con que emite la cadena que queremos escuchar.

En los años cincuenta del siglo pasado aparecieron los primeros transistores de pilas, pequeños receptores de radio manejables y portátiles.

Antes de la llegada del sonido digital, se utilizaban varios tocadiscos si se quería mezclar música durante una emisión de radio.

Comprende, piensa, aplica...

1 ¿Qué descubrimiento hizo posible la aparición de la radio?

2 Busca información sobre el español Julio Cervera (1854-1925) y explica su aportación a la invención de la radio.

3 Explica brevemente por qué fue importante la invención del triodo para el origen de la radio.

4 ¿Qué significan las siglas FM y AM? ¿Cómo se emite el sonido en cada uno de estos sistemas? ¿Cuál es la función del dial?

1.2 La utilización de la radio

A **principios del siglo** XX comenzaron las emisiones experimentales de radio. Se utilizaban, principalmente en el medio naval, para el envío de mensajes entre los barcos.

Las **primeras emisoras** de radio se consolidaron **a partir de 1920,** cuando surgió la idea de emplear la radio como medio de entretenimiento: escuchar música, noticias, entrevistas, seriales... Fue el origen de la radio que conocemos actualmente.

Al principio, las actividades radiofónicas no estaban reguladas, es decir, no existían límites de potencia, ni frecuencias previamente asignadas. Así, cada estación podía cambiar de frecuencia cuando quisiera, pudiendo solapar la señal de otras estaciones. Esto generaba conflictos continuos, además de confundir a los oyentes, que no sabían dónde poder sintonizar la emisora deseada.

La música entra en la radio

En sus comienzos, la mayor parte de la música emitida por la radio estaba recogida **en directo:** poner un disco era sinónimo de escasez de medios, significaba que la emisora no tenía prestigio, además de que todavía las grabaciones no eran de calidad para ser emitidas por la radio.

Ante el auge del medio, **las emisoras construyeron excelentes estudios** para esas ocasiones. A ellos acudían las mejores orquestas y solistas del momento. En pocos años, la radio se convirtió en el mayor medio de difusión musical.

Las obras radiofónicas: radioteatro

Con la radio se abrió un **nuevo escenario para el arte dramático.** La adaptación de este género al nuevo medio trajo consigo un concepto diferente de teatro, en el que la música y los efectos de sonido adquirieron una importancia vital para la ambientación. Actualmente, estos efectos sonoros son muestras sampleadas pregrabadas, pero durante mucho tiempo eran producidos manualmente en el momento de la grabación.

Investiga

Escucha en la red cómo sonaban las primeras emisiones radiofónicas e investiga sobre el origen histórico de la radio en España.

En 1938, el director de cine Orson Welles emitió en la radio un programa de ficción, titulado *La guerra de los mundos*, basada en la novela de H. G. Wells.
La obra radiofónica narraba un supuesto ataque de Marte sobre Estados Unidos. El realismo que consiguió provocó el pánico y la huida entre los oyentes.

La radiofórmula

A **partir de 1940,** la radio encontró en la televisión un importante competidor. Gran parte de la programación radiofónica se adaptó mejor al medio audiovisual, por lo que la radio tuvo que reconvertirse. De este modo, la programación de música en la radio pasó a un primer plano y nació un nuevo formato radiofónico: la radiofórmula.

La **radiofórmula** es un término radiofónico que hace referencia a un formato de radio con un **modelo de programación monotemático.**

Las radiofórmulas más habituales son las que tienen exclusivamente una programación musical. Aunque también hay radiofórmulas basadas en otras temáticas: deportes, salud, informativos, etc.

Dentro de la radiofórmula musical existe gran variedad de propuestas que comprenden distintos géneros y estilos musicales. Hay cadenas cuyos programas son de música actual, que tienen un marcado carácter comercial y están dirigidos a un público joven. Otras, sin embargo, ofrecen una programación dirigida a un público más restringido basada en otros tipos de música (jazz, clásica, etc.).

Las radios libres

En la década de los sesenta del siglo pasado surgieron las *radios libres*. Eran emisoras de radio independientes y extraoficiales que basaban su programación en las nuevas corrientes musicales, ignoradas por las emisoras estatales.

Con la radiofórmula musical surgió la figura del discjockey (DJ), persona encargada de la selección musical y, en muchos casos, de la locución.
Tony Blackburn, fue un importante disc jockey inglés de la década de 1970.

Comprende, piensa, aplica...

1 ¿Cuál fue el primer uso que se le dio a la radio a principios del siglo XX?

2 Explica qué elementos son importantes para la ambientación de una obra radiofónica.

3 ¿Qué es una radiofórmula? ¿Cuáles son las radiofórmulas más habituales?

4 Escribe en tu cuaderno los programas de radiofórmula musical que sueles escuchar e indica en qué momento del día sueles escucharlos.

5 Averigua en tu entorno quién escucha la radio, qué tipo de programas, etc., y elabora un esquema.

1.3 La música en la televisión

La televisión es un medio de comunicación que permite la emisión y recepción de imágenes y de sonidos mediante la transmisión de ondas electromagnéticas, al igual que la radio.

La televisión nació a finales de la década de los **años treinta** del siglo pasado y en poco tiempo pasó a convertirse en el medio de **comunicación de masas** más extendido e influyente. Pronto adquirió el poder de encumbrar a los artistas que aparecían en pantalla; sin embargo, su aportación a la difusión musical no resultó tan decisiva como en los casos de los discos, de la radio o del cine.

La música en la televisión fue y es un elemento decisivo para reforzar el poder de la imagen.

Está presente en todo tipo de programas: en informativos, en documentales, en teleseries, en publicidad... y, por supuesto, en programas de contenidos musicales.

Los **programas de variedades** fueron los primeros programas de televisión que empezaron a emitir actuaciones musicales. En ellos se ofrecían gran variedad de actuaciones: entrevistas, magia, actuaciones de grupos o de cantantes, bailes, etc.

La televisión también ha contribuido a la divulgación de la música a través de la **retransmisión de festivales y de conciertos en directo,** desde música clásica a jazz o de músicas del mundo.

Investiga

Escucha uno de los programas musicales juveniles de los años 80 en el archivo histórico de la hemeroteca de Radiotelevisión Española. Por ejemplo, *Aplauso*.

El playback

En los programas de variedades pronto se introdujo el **playback** en las actuaciones musicales.

Se trata de un modo de emisión en el que, durante una actuación, el sonido que se ofrece no es en directo, sino que ha sido previamente grabado para evitar los errores del directo.

Los conciertos de los grupos musicales emitidos por televisión contribuían a su difusión y a su éxito comercial. Un ejemplo del éxito comercial fue The Beatles tras sus apariciones en la televisión británica y estadounidense.

La composición musical para televisión

La televisión siempre ha ofrecido **nuevos escenarios** para la composición musical. Desde sus comienzos se crearon músicas para las sintonías de los programas, para la publicidad o para los documentales y series.

Las **sintonías** o cabeceras son breves composiciones musicales que sirven para **identificar un programa** de televisión. En las sintonías, el compositor elige un tipo de música acorde con la trama, la estética y el público al que va dirigido el programa, intentando informar de su contenido.

La música compuesta para **publicidad** pretende potenciar la imagen y la palabra, provocando sensaciones en el espectador para que las asocie con el **producto que se oferta.** La música publicitaria capta la atención del consumidor desde el primer momento y provoca interés hacia lo que se anuncia.

En los **documentales** y series de televisión, la música apoya o enriquece el ambiente, los contenidos y la trama, dando **fuerza a la acción.** El uso de las múltiples músicas del mundo es frecuente, así como la perfecta sincronización de la música con las imágenes.

Los compositores para televisión

El compositor y la compositora crean la música para provocar emociones en el espectador. La música es decisiva en la sintonía de un programa, en la publicidad de un producto, en la exposición de un documental y en el desarrollo de una serie televisiva.

El videoclip

El **videoclip** es un breve **cortometraje musical** que ofrece una representación visual de una canción.

La cadena de televisión MTV ha favorecido el éxito de los artistas al promocionar sus canciones con la emisión de los videoclips.
El vídeo musical de *Thriller* recibió seis nominaciones de los premios MTV en 1984 y obtuvo tres.

Investiga

Visiona el vídeo original de *Thriller*, de M. Jackson, y comenta tus impresiones con los demás.

Los **videoclips** se suelen realizar con **multitud de efectos** visuales y electrónicos. Son producciones muy vivas que tienen como **objetivo** llamar la atención del telespectador para **promocionar** la venta de grabaciones musicales.

La popularidad de los videoclips **se consolidó en 1981,** cuando nació la **cadena de televisión MTV** (Music Television). Su nacimiento y repentino éxito hicieron que el videoclip se convirtiera en un elemento imprescindible en la promoción de las canciones.

En la cadena MTV se han emitido **videoclips que han hecho historia** en la últimos años, ya sea por su contenido original, por la historia que cuentan o por sus efectos. *Thriller*, de Michael Jackson, es considerado uno de los mejores, al haber revolucionado por completo el concepto de vídeo musical.

1.4 La música en Internet

La vinculación de **Internet con la música** ha supuesto toda una revolución en el ámbito de las comunicaciones y de la información.

La Red ofrece numerosas utilidades en relación con la música. Por una parte, existen gran cantidad de **páginas de contenidos musicales:** desde las que contienen información sobre instrumentos, historia de la música y de los compositores, teoría musical, etc., hasta las que permiten escuchar música.

Otra utilidad interesante es la **radio vía Internet.** Cientos de emisoras emiten música constantemente desde cualquier lugar del mundo. También han proliferado las **comunidades virtuales de músicos,** por no hablar de las redes sociales, que permiten transmitir e intercambiar información con una inmediatez nunca conocida hasta ahora.

Además, los **conciertos a través de Internet** se están convirtiendo en una alternativa a los espectáculos en directo y a otros medios audiovisuales como la radio o la televisión.

Internet se ha convertido en el espacio más abierto y de más fácil acceso para el **intercambio de música.** Pero frente a todas las ventajas que supone esto, se han generado multitud de problemas, relacionados con la falta de control sobre la autenticidad de los contenidos y la vulneración de los derechos de autor.

La «piratería» es un tema polémico, ya que afecta no solo a las compañías discográficas, sino también a los artistas y a los autores, y a la cultura en general. La disminución de las ventas a causa de las copias ilegales dificulta la creación y la promoción de nuevas propuestas musicales.

El streaming

El **streaming** consiste en la distribución de audio o vídeo por Internet.

Esta tecnología permite reproducir un archivo multimedia sin necesidad de descargarlo a un ordenador.

Plataformas como Youtube, Spotify Soundcloud, BeatPort o Vidzone utilizan el streaming para emitir sus contenidos.

En octubre de 2011, en Madrid el grupo Coldplay presentó el disco *Mylo Xyloto*. Fue retransmitido a nivel mundial en directo a través de Internet. Tanto los grupos y cantantes ya consolidados como los de nueva creación han encontrado en la Red una gran herramienta para difundir su música.

Internet y las compañías discográficas

Internet ha revolucionado la manera de acceder a la música. Hasta hace poco, si se quería tener música propia, había que comprar los vinilos, las cintas o los CD. Ahora, además, se pueden «bajar» los temas desde la Red al propio ordenador o a otros dispositivos o escucharlos en streaming. Esto ha provocado que las compañías se hayan visto obligadas a replantear la cadena comercial tradicional.

Una de las ideas es la posibilidad de descargarse las canciones elegidas por un bajo coste, además de la opción de escuchar la música online. Otra idea es que los discos empiezan a ofrecer otras alternativas al CD tradicional: cambian su formato y aparecen como DVD, disco-libro, o se editan en vinilo para resultar atractivos a los potenciales compradores.

Las redes sociales

Las redes sociales constituyen una importante herramienta para la difusión de la música.

Su utilización permite a los músicos no solo mostrar sus composiciones musicales, sino también tener la posibilidad de contactar con el público: intercambiar comentarios, fotos, links, etc.

Las discográficas independientes y la autoedición son fórmulas también muy utilizadas por los artistas para lanzar sus novedades frente a las grandes multinacionales de la música (Sony, Warner, EMI).
Es el caso del grupo rap Violadores del verso y su discográfica Rap Solo.

Taller profesional

El **técnico encargado de los efectos de sonido** en el cine y en la televisión tiene ante sí un trabajo creativo en el que maneja numerosa información. Ha de ser capaz de evocar con sonidos cualquier situación que se le proponga (una cuña publicitaria, un montaje de imágenes...). Para ello, cuenta con dos formas principales de trabajar:

- Acudir a una **librería de efectos.** Existen diversas posibilidades, desde librerías existentes de pago hasta numerosas páginas gratuitas o muy económicas en Internet.
- **Crear** los efectos él mismo. Para ello, hoy día hay diferentes sistemas como los programas de ordenador que permiten procesar sonidos grabados o inventarlos.

  También es posible, y a veces mucho más sencillo, grabar directamente mediante la manipulación de objetos.

1 Por grupos de cuatro o cinco participantes, cread una breve historia y acompañadla utilizando música y efectos de sonidos caseros.

2 Escucha una cuña publicitaria

2.1 Qué vas a escuchar

Con esta audición vas a tener la oportunidad de comprobar **las grandes diferencias** que existen entre los **anuncios radiofónicos antiguos y los actuales.** El anuncio antiguo que vas a escuchar es toda una creación musical, con un guion dramático previo y una estructura formal. Está interpretado por varios cantantes y por un grupo instrumental.

En la actualidad, las cuñas publicitarias son muy breves debido a la gran competencia entre anunciantes, al aumento de los costes y a la mayor saturación del público, pero en sus orígenes podían durar bastantes minutos.

Investiga

Visiona en la red un jingle publicitario en la web del Centro Virtual Cervantes, en el Museo Virtual de arte publicitario.

Entra en la sala VIII, la música en la publicidad e investiga las tipologías.

2.2 Las cuñas publicitarias radiofónicas

Se comenzó a denominar **jingle** a los pequeños fragmentos musicales con los que se anunciaba la emisora que se estaba sintonizando. Por extensión, también hacían referencia a los anuncios publicitarios de breve duración y generalmente aderezados con música. Hoy día, estos jingles se llaman cuñas, ya que se insertan entre la programación.

La cuña radiofónica es un formato de publicidad dirigido a un único sentido: el oído. Al prescindir del resto de sentidos, sobre todo de la vista, hay que incidir en otros factores para conseguir un anuncio de radio eficaz. La **voz del locutor, la música y los efectos del sonido son los elementos clave** en una cuña de radio.

El **objetivo** de la cuña radiofónica es el mismo que el de todo anuncio: **impactar en el oyente para que recuerde el producto.** Algunos jingles de marcas llegaron a convertirse en verdaderos éxitos musicales.

El impacto de una cuña radiofónica depende del uso de la voz y de la elección adecuada de la música y de los efectos de sonido.

Escucha, comprueba, reflexiona...

Anuncio radiofónico de la década de 1950, de Jesús Nasarre.

Un anuncio publicitario actual no suele ser de larga duración. Todo lo contrario, se trata de que duren lo menos posible. Nuestra forma de percibir y de recibir mensajes ha cambiado tanto que este tipo de anuncio que vas a escuchar resultaría excesivamente largo en la actualidad.

1 Escucha el anuncio completo y escribe en tu cuaderno las partes que forman la estructura. Te puede ser útil completar el siguiente esquema:

0:00	0:03	0:24	0:46	1:08	1:29
INTRO					CODA

2 ¿Cómo denominarías cada una de las partes que acabas de establecer?

3 ¿Qué grupo instrumental acompaña a la canción?

4 ¿Hay una voz solista o escuchas otras voces?

5 ¿En qué estilo musical está orquestado este anuncio?

6 Copia en tu cuaderno y sigue la letra del anuncio. Completa la parte que falta.

Si quiere usted elegir
una academia
y saber conducir
a las mil maravillas,
el coche surcará
entre flores sus pistas
donde puede apreciar
que ha sabido encontrar
la mejor academia.

Escucha *Every Breath You Take*

Every Breath You Take es una canción romántica escrita por Sting e interpretada por su grupo The Police. Supuso el último gran éxito de la banda antes de su disolución y una de las preferidas de sus fans.

Investiga

Visiona en la Red el videoclip original de esta canción (1983).

Prepara el ritmo

La **síncopa** se produce cuando se interpreta una nota en medio de un pulso, en parte débil, y se prolonga sobre la siguiente, en parte fuerte. A veces, es necesario añadir ligaduras de prolongación para escribir una síncopa.

Interpreta el siguiente fragmento para practicar el ritmo sincopado.

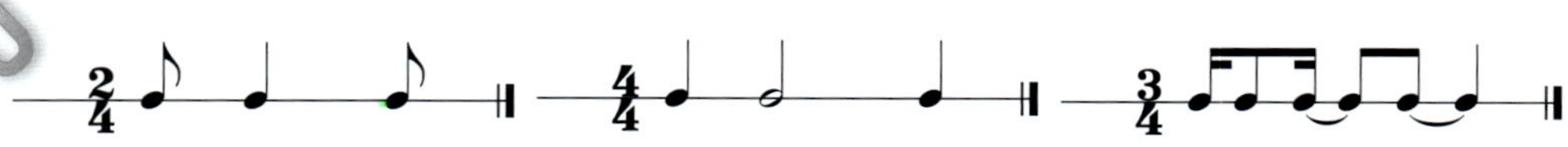

Los pulsos

Los pulsos son una sucesión de latidos regulares y constantes que se pueden percibir cuando suena la música. Sobre el pulso se desarrolla el ritmo.

Prepara la armonía

El elemento básico de la armonía es el acorde. Se forma cuando tres o más sonidos se interpretan a la vez. Los **acordes tríada** se obtienen con las notas primera (fundamental), tercera y quinta comenzando desde cualquier nota.

Un acorde tríada es **mayor** cuando la distancia entre la nota fundamental y la tercera es de dos tonos, y es **menor**, cuando esa distancia es de tono y medio.

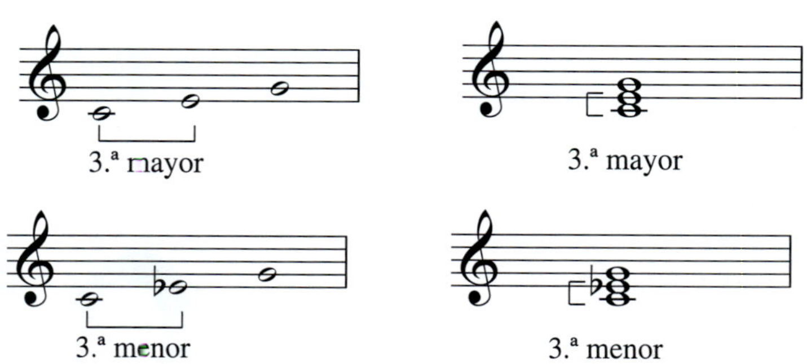

El **cifrado de acordes** consiste en el empleo de símbolos para representar los acordes. El más utilizado es el cifrado americano, que utiliza letras mayúsculas situadas sobre la partitura.

Si el acorde es mayor, se escribe solo la letra, y si es menor, se le añade un guion o una «m».

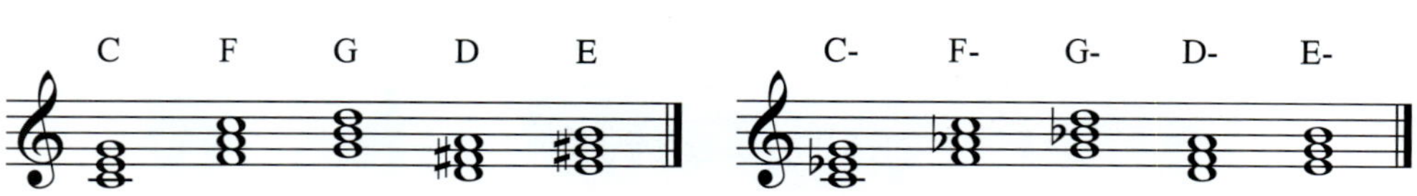

Significado del cifrado

- **A** acorde de *la*
- **B** acorde de *si*
- **C** acorde de *do*
- **D** acorde de *re*
- **E** acorde de *mi*
- **F** acorde de *fa*
- **G** acorde de *sol*

Every Breath You Take

The Police

I A A B A' C A (inst) B A' Coda

A_1 Every breath you take,
and every move you make,
every bond you break,
every step you take,
I'll be watching you.

A_2 Every single day,
and every word you say,
every game you play,
every night you stay,
I'll be watching you.

B Oh, can't you see
you belong to me.
How my poor heart aches
with every step you take.

A_3 Every move you make,
and every vow you break,
every smile you fake,
every step you take,
I'll be watching you.

C Since you've gone
I've been lost without a trace.
I dream at night I can only see your face
I look around but it's you I can't replace
I feel so cold and I long for your embrace
I keep crying baby, baby please.

B Oh can't you see
you belong to me.
How my poor heart aches
with every step you take.

A_4 Every move you make,
and every vow you break
every smile you fake
every claim you stake,
I'll be watching you.
Every move you make,
Every step you take,
I'll be watching you.

La revolución de la tableta: todo en un bolsillo

Hace muy poco tiempo nadie imaginaba que en una simple tableta, que hasta un niño puede manejar, se pudiera encerrar tanta tecnología al alcance de cualquier usuario que, además de receptor, puede ser generador y comunicador.

Steve Jobs presentó en 2010 su gran aportación tecnológica: el iPad, la tableta de apple.

Búsqueda de información, radio, TV, prensa diaria, biblioteca personal, cámara de fotos y de vídeo, GPS, almacenaje de música y vídeo, correo electrónico, redes sociales, posibilidad de ir añadiendo y actualizando nuevas aplicaciones, etc., son un ejemplo de la gran versatilidad del dispositivo.

Su reducida pantalla táctil, fácilmente manejable, pero con múltiples prestaciones, es la gran ventaja frente a los demás ordenadores.

El aficionado a la música puede contar con diversas aplicaciones para editar sus propios temas: editores de partituras y de audio, sintetizadores, simuladores de instrumentos reales o inventados, bases para tocar e improvisar encima, etc.

Hacer música en clase con una tableta cada vez es más fácil con la ayuda de algunos dispositivos. Con determinados programas o aplicaciones podremos simular diversos instrumentos, incluso de otras culturas, e integrarlos en un conjunto instrumental. También se pueden manejar equipos de sonido y DJ desde la tableta a través de mensajes en código MIDI.

Trabaja con lo aprendido

Comprueba

1 Escribe las características de los dos sistemas de transmisión más frecuentemente utilizados en la radio e indica por cuál emiten las radios la música.

2 Justifica por qué las primeras emisoras de radio disponían de excelentes estudios.

3 Redacta qué eran las radios libres, cuándo surgieron y con qué fin.

4 Observa un anuncio televisivo sin música ni sonido y explica si te provoca alguna emoción e interés por el producto.

5 Anota los profesionales que intervienen en el camino de la música desde su creación hasta que dispones de ella en streaming.

6 Redacta en qué medida consideras que la piratería musical afecta a los artistas y a la cultura en general.

7 ¿Qué es una cuña radiofónica? ¿Por qué recibe este nombre?

Practica

8 Explica cómo se producen las síncopas y escribe en tu cuaderno de pentagramas algunos ejemplos.

9 Escribe este fragmento en tu cuaderno y realiza algunas síncopas sin cambiar las figuras, solamente utilizando ligaduras.

10 Escribe en tu cuaderno de pentagramas los siguientes acordes mayores. Vuelve a escribirlos cambiando la nota necesaria para convertirlos en acordes menores.

11 Escribe en tu cuaderno de pentagramas el cifrado correspondiente a los acordes siguientes.

Investiga

12 En pequeños grupos, elegid un videoclip y buscad información en Internet sobre él: año de realización, intérpretes, director del videoclip, características... Mostrad el videoclip en clase y compartid la información recopilada.

13 Escucha los 10 primeros minutos de la versión radiofónica del capítulo 1 de El Quijote del siglo XXI en la ficción sonora de rtve.es. ¿Qué elementos ayudan al oyente a imaginar la historia al carecer de componentes visuales? Pon algunos ejemplos indicando el minutaje.

Un programa de radio

La producción de un programa radiofónico, además de ser una actividad muy enriquecedora, es una forma de favorecer el desarrollo de la expresión oral y de fortalecer la comunicación y la expresividad. Se trata de una tarea laboriosa: requiere un proceso riguroso de planificación y de trabajo en equipo.

Os proponemos realizar y grabar un programa de radio con los medios de que dispongáis y, después, escucharlo en clase.

Organizad los grupos

1 Formad tres grupos en clase para preparar, cada uno de ellos, un programa de radio de unos diez minutos de duración.

En cada grupo debe haber, al menos, un guionista, encargado de redactar el guion del programa; uno o varios locutores; varios técnicos, que manejen los equipos de grabación, acondicionen el lugar, etc.; un encargado de la música, que seleccione los temas musicales; y un director, que supervise la labor de todo el equipo.

Pensad en el contenido

2 Debéis elegir los contenidos y ceñirlos a una duración de tiempo razonable. Os proponemos que cada grupo se centre en unos contenidos concretos. Estos podrían ser:

- **Grupo 1:** noticias del colegio o del instituto y otras noticias generales (nacionales o mundiales) y música.
- **Grupo 2:** deportes escolares y diferentes soportes nacionales, y música.
- **Grupo 3:** noticias culturales, entrevistas y música.

Realizad la grabación

3 Tras un ensayo general, realizad la grabación. Repetid solo las partes que no hayan quedado bien.

Escuchad el programa

4 Escuchad con atención los programas para aprender de los errores y felicitarse por los aciertos.

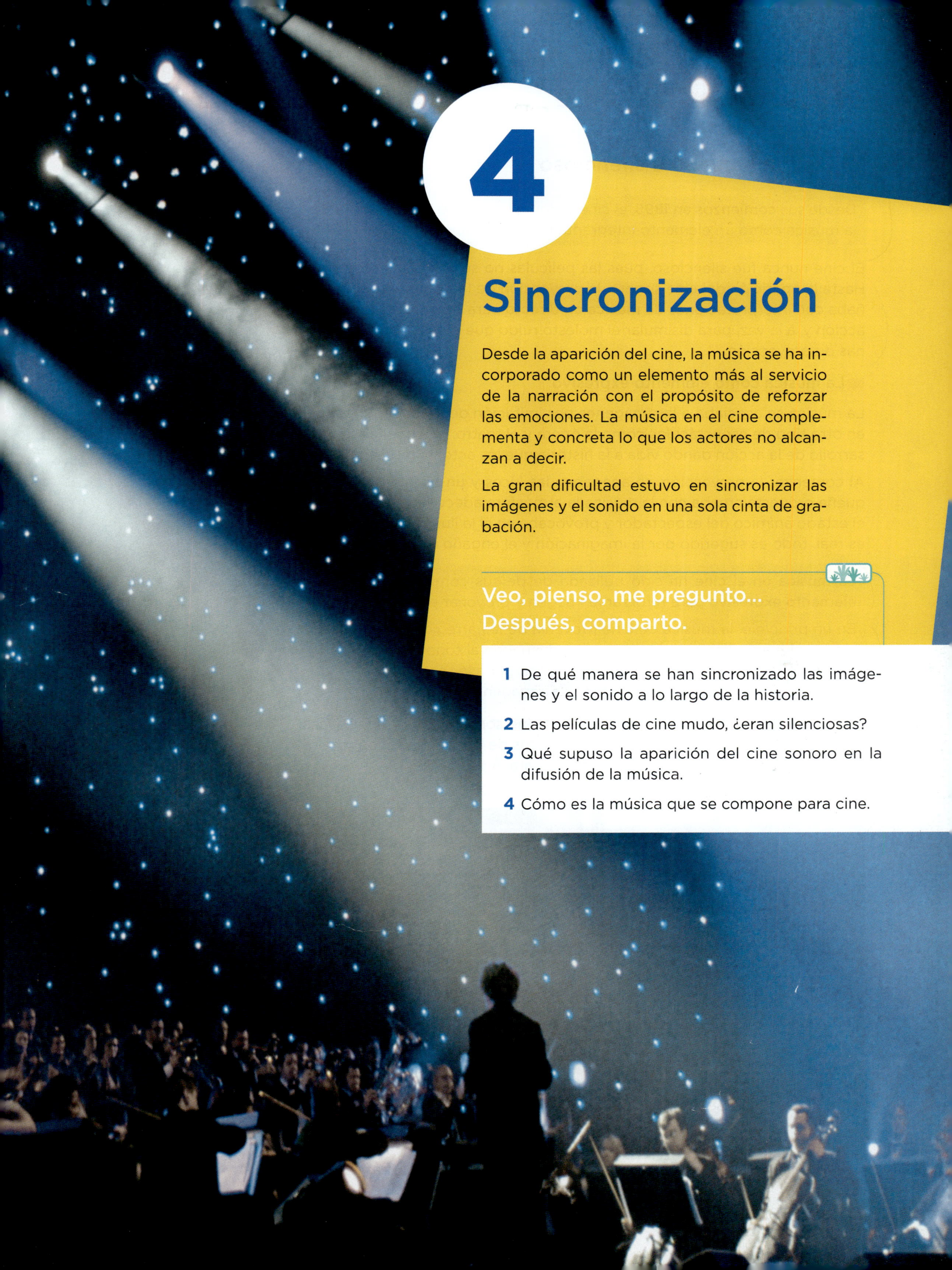

4

Sincronización

Desde la aparición del cine, la música se ha incorporado como un elemento más al servicio de la narración con el propósito de reforzar las emociones. La música en el cine complementa y concreta lo que los actores no alcanzan a decir.

La gran dificultad estuvo en sincronizar las imágenes y el sonido en una sola cinta de grabación.

Veo, pienso, me pregunto... Después, comparto.

1 De qué manera se han sincronizado las imágenes y el sonido a lo largo de la historia.

2 Las películas de cine mudo, ¿eran silenciosas?

3 Qué supuso la aparición del cine sonoro en la difusión de la música.

4 Cómo es la música que se compone para cine.

1 Los sonidos del cine

1.1 El cine nunca fue silencioso

Desde sus **comienzos en 1895,** el cine siempre ha estado acompañado de la música como un elemento integrante más al servicio de la narración.

El cine nunca fue silencioso, pues las películas no se exhibían en silencio. Hasta la aparición del cine sonoro, la proyección de la película se acompañaba con interpretaciones de **música en directo** para dar más emoción a la acción y, a la vez, para disimular el molesto ruido que producían las máquinas de proyección.

La música como elemento expresivo

La música se asociaba a las imágenes por imitación de lo que era habitual en otro tipo de espectáculos como la ópera y el teatro: acompañaba el desarrollo de la acción dando vida a la historia que los actores representaban.

Al comenzar la proyección, se apagaban las luces y un pianista o una pequeña orquesta creaba con la música la atmósfera adecuada que influía en el estado anímico del espectador y provocaba en él la ilusión del cine: nada es real, todo es sugerido por la imaginación y el engaño de los sentidos.

La **música en el cine** ha sido utilizada desde sus comienzos como un **elemento expresivo** para reforzar la imagen y provocar emociones.

En un principio, la música de cine provenía de los arreglos de **obras clásicas** o de **melodías populares** que se adecuaban al tono narrativo de la película. Posteriormente, se comenzó a encargar a los compositores que crearan nuevas obras para acompañar las imágenes.

Los costes económicos de la música en el cine son elevados. Ya entonces había que tener en cuenta en los presupuestos de la película el contratar a un compositor y a una orquesta que amenizara la proyección.

El cine mudo

El cine mudo no tiene sonido grabado sincronizado con las imágenes. Para conocer el argumento en las películas mudas, los diálogos se subtitulaban y así se describían situaciones puntuales del relato.

En ocasiones, se sumaba la voz de un narrador que se encontraba en la sala de proyección.

La música era en directo, interpretada por un piano o una pequeña orquesta.

Las imágenes eran en blanco y negro, aún no se había inventado cómo grabar el color.

Los hermanos Lumière fueron los creadores del cinematógrafo, un aparato capaz de grabar imágenes y, además, proyectarlas.
Las primeras imágenes que se proyectaron y que marcan el inicio del cine fueron las que grabaron los hermanos Lumière: *La salida de los obreros de la fábrica* (Lion, 1895).

1.2 La aparición del cine sonoro

Los avances tecnológicos de **principios del siglo xx** también llegaron al cine. Se descubrió la manera de grabar una **pista sonora en la cinta** de la película, lo que hizo posible sincronizar el sonido a la imagen y, por tanto, hacer sonoro el cine.

En las **primeras películas** sonoras, el sonido se grababa de manera independiente de la imagen y se reproducía después con un aparato sincronizado con el proyector.

Posteriormente, la evolución en la técnica cinematográfica junto con los avances en la grabación del sonido hicieron posible que este fuera incorporado a la propia cinta de la película junto con la imagen, en una banda paralela a los fotogramas. Surge así la banda de sonido o banda sonora.

La **banda sonora** se sitúa en la cinta de la película de forma paralela a la imagen. Está compuesta por todos los elementos de sonido que acompañan a la película: música, diálogos, efectos, doblaje, etc.

Charles Chaplin estuvo en contra del cine sonoro, aunque, más tarde, compuso bandas sonoras para sus propias películas.

Los compositores y las compositoras se incorporan, definitivamente, al equipo de trabajo de las productoras cinematográficas y crean música original para las películas. El reto es poner a cada escena la música adecuada a las imágenes y al argumento y que, además, nos transporte a la realidad de esa película. Es una época en la que todavía no existen unos patrones definidos sobre el modo de aplicar la música al cine.

La ciudad de Nueva York ha sido escenario para el desarrollo argumental de infinidad de películas, y también, es la ciudad dónde se suelen estrenar las nuevas películas. De hecho, en Nueva York se estrenó la primera película de cine sonoro, *El cantor de Jazz* (*The Jazz Singer,* 1927).

Comprende, piensa, aplica...

1 Explica por qué el cine siempre tuvo música, incluso antes de la aparición del cine sonoro. Indica cuál era su función.

2 Razona por qué denominamos hoy día «banda sonora» a la música compuesta para una película.

3 Enumera los elementos de sonido que forman parte de una banda sonora.

4 En pequeño grupo, redacta un breve trabajo sobre el nacimiento del cine: el origen del cinematógrafo, dónde y en qué año, los hermanos Lumière, las primeras películas, su música, ...

1.3 La composición para cine

A partir de 1930, con la generalización del cine sonoro, se consolida la importancia expresiva de la música. Surge, así, la figura del **compositor de cine.**

El compositor está especializado en la creación de bandas sonoras. Se comienza a definir un método de composición de música cinematográfica, que continúa hoy día, basado en la creación de los leitmotiv.

El **leitmotiv** (tema conductor) es un motivo, melódico o rítmico, que se asocia a un personaje concreto o a un hecho fundamental de la película.

Los primeros maestros en la composición de bandas sonoras fueron emigrantes europeos que huían de los desastres bélicos de las guerras mundiales. **Max Steiner** y **Erich Wolfgang Korngold** son dos de los compositores más importantes.

Investiga

Algunas bandas sonoras de...

- **Max Steiner:** *Ha nacido una estrella* (1937), *Lo que el viento se llevó* (1939), *Casablanca* (1943), *Tambores lejanos* (1951).
- **Erich Korngold:** *El capitán Blood* (1935), *El príncipe y el mendigo* (1937), *Robin de los bosques* (1938), *El halcón del mar* (1940).

Al llegar a los Estados Unidos, en 1913, el austriaco **Max Steiner** comenzó a trabajar en el cine mudo. Escribió composiciones para más de trescientas películas, entre las que destaca la música de *Lo que el viento se llevó* (1939), una de las melodías más populares de la historia del cine. Fue uno de los compositores fundamentales al abordar todo tipo de estilos musicales.

Erich Wolfgang Korngold nació en Brno, actual República Checa, y llegó a Hollywood en 1934, donde se convirtió en un compositor cinematográfico de gran prestigio. *Robin de los bosques* (1938) es una de sus obras más importantes. En ella la música refuerza casi todos los pasajes de la acción, mezclándose incluso con los diálogos y creando un tipo de ópera cinematográfica.

Escucha, comprueba, reflexiona...

King Kong, de Max Steiner (1933).

1. En pequeño grupo, escucha y analiza la audición: ¿Cuántos momentos musicales distintos percibes? ¿Qué diferencias encuentras en cuanto a los instrumentos que intervienen? ¿En qué tempo están interpretados? ¿Qué emociones y sentimientos sugiere la música?
2. Visiona en la red el fragmento final de la película, los últimos minutos, cuando King Kong, en el Empire State Building, es atacado por los aviones. Relaciona la tensión de la música con la acción que se desarrolla.

1.4 Los años dorados

Durante las **décadas de 1940 y 1950,** la industria cinematográfica de **Hollywood se consolida** y se convierte en una de las más prósperas del país.

En torno a Hollywood, surgieron nuevos compositores de talento que proporcionaron al cine una música de gran calidad, fundamentalmente, de **estilo sinfónico.** La banda sonora adquirió mayor importancia dentro del proceso de creación de la película. Además, mejoraron las técnicas de grabación y de reproducción del sonido.

La década de 1940

Mientras Europa estaba sumida en la Segunda Guerra Mundial, Hollywood vivió sus años dorados y se convirtió en la meca del cine. Los grandes estudios cinematográficos realizaron cientos de películas de temáticas variadas: musicales, comedias, cine histórico, cine negro, etc.

Entre los compositores más importantes de esos años destacaron:

- **Alfred Newman**, que fue responsable del departamento de música de la productora cinematográfica Fox durante más de veinte años. Desde 1934 hasta 1956 estuvo nominado todos los años al Oscar, y, en algunos casos, en más de una película. Compuso la música de casi doscientos filmes.
- **Bernard Hermann** comenzó a trabajar en la radio con Orson Welles, quien le encargó la composición de la música de su película *Ciudadano Kane*. Su gran formación musical le permitió trabajar en películas de temáticas muy diversas.

Escucha, comprueba, reflexiona...

La conquista del Oeste, de Alfred Newman (1962).

1 ¿Qué tipo de agrupación instrumental o vocal está sonando?

2 Aunque no hayas visto la película, ¿cómo describirías las escenas que pueden acompañar a esta música?

3 ¿Qué instrumentos de percusión estás escuchando?

Investiga

Algunas bandas sonoras de...

- **Alfred Newman:** *Cumbres borrascosas* (1929), *Las uvas de la ira* (1940), *¡Qué verde era mi valle!* (1941), *La conquista del Oeste* (1962).
- **Bernard Hermann:** *Ana y el rey de Siam* (1946), *Las nieves del Kilimanjaro* (1952), *Simbad y la princesa* (1958), *Con la muerte en los talones* (1959), *Psicosis* (1960).

La música de *La conquista del Oeste* es una de las grandes creaciones de Alfred Newman.

La década de 1950

Durante la **década de 1950,** la música de cine pasó por un proceso de renovación, con la **incorporación de estilos no sinfónicos.** Se comenzó a introducir en las bandas sonoras música popular del momento, con estilos como el jazz o el rock, rompiendo así con el lenguaje musical tradicional del cine.

La incorporación del jazz, por ejemplo, como música instrumental de la banda sonora provocó que, en algunos casos, se encargara la música a grandes compositores jazzísticos, como Duke Ellington autor de la banda sonora de *Anatomía de un asesinato* (1959). Pero, en general, van a ser los propios compositores cinematográficos los que, cuando la película lo requiera, construyan partituras basadas en el jazz.

Este es el caso de **Alex North** en *Un tranvía llamado deseo* y de **Elmer Bernstein** en *El hombre del brazo de oro*. Bernstein, además, compuso bandas sonoras con diversos estilos como *Los siete magníficos, Los diez mandamientos, La gran evasión, Amanecer zulú* y *Los cazafantasmas*, entre otras.

La presencia de estilos musicales más cercanos **al gran público** elevó el interés por la música de las películas.

Los estudios aprovecharon ese interés por la música cinematográfica para animar a los compositores a escribir **temas vendibles,** melodías y canciones que pudieran editarse posteriormente **en disco.**

Otro aspecto destacado de la década de 1950 es que se implantó la costumbre de crear una canción para los títulos de **crédito iniciales.** En muchos casos la banda sonora de la película era construida sobre la base de esa melodía o canción.

En Europa, el italiano **Nino Rota** fue uno de los compositores más significativos durante esta década y las siguientes. Integra en sus composiciones la música popular italiana con la música sinfónica. Compuso la banda sonora de películas como *La dolce vita, El gatopardo, Romeo y Julieta* o *El padrino*.

Escucha y reflexiona

Banda sonora de la película *El padrino* (1972), del director Francis Ford Coppola y música de Nino Rota.

Es una película de gángsters considerada de las mejores de la historia del cine.

Otro de los trabajos más conocidos de Nino Rota es la banda sonora de la película *El gatopardo* (1963).

1.5 El cine se renueva

A partir de la **década de 1960,** la competencia con la televisión provocó una renovación en el cine, dando lugar a la producción de **películas de gran espectacularidad.** Las bandas sonoras fueron utilizadas para engrandecer aquellas películas.

Entre los principales compositores de bandas sonoras de esta década (aunque también trabajaron en décadas posteriores) destacan los siguientes:

- **Henry Mancini.** Destaca por utilizar diversos estilos populares del momento como eje de la banda sonora. Compuso la música de las películas *Desayuno con diamantes, La pantera rosa* o *El guateque*, entre otras.
- **John Barry.** Compuso la primera saga de *James Bond*. También realizó las bandas sonoras de *Memorias de África* y *Bailando con lobos*, caracterizadas por el empleo de la cuerda para crear tranquilas y relajadas melodías.
- **Ennio Morricone.** Sus bandas sonoras abarcan todos los géneros, desde el drama a la comedia, pasando por el cine social y político, el cine de terror o el western. Su música posee calidad melódica y capacidad para emocionar. Compuso las bandas sonoras de películas como *Novecento, La misión* o *Cinema Paradiso*.

En la banda sonora de *La misión* (1985), el oboe es el protagonista.

A partir de 1970, la música compuesta para cine abarca **todos los estilos,** desde la música sinfónica a obras de estilos más vanguardistas.

Por una parte, se recupera la música sinfónica, al estilo de las bandas sonoras clásicas. Por otra, se mantiene la incorporación de canciones populares e, incluso, se encargan bandas sonoras a estrellas del pop y del rock como Bob Dylan, Tom Petty, Simon y Garfunkel, Queen, Madonna, etc.

- **John Williams.** Sus obras se caracterizan por una vuelta a la música sinfónica. Su trabajo para la trilogía *La guerra de las galaxias* le convierte en el músico de cine más comercial e imitado del momento. Otras bandas sonoras suyas son *Tiburón, Superman, Encuentros en la tercera fase, E.T., Indiana Jones, Parque Jurásico*, etc.
- **Jerry Goldsmith.** Sus trabajos se mueven entre tendencias distintas. Algunas de sus obras más destacadas son *Star Trek; Alien, el octavo pasajero; Poltergeist; Gremlins; Rambo; Desafío total;* etc.

Investiga

Algunas bandas sonoras de...

- **Henry Mancini:** *Desayuno con diamantes* (1961), *La pantera rosa* (1964).
- **John Barry:** *Goldfinger* (1964), *Nacida libre* (1964).
- **Ennio Morricone:** *La misión* (1985), *Cinema Paradiso* (1988).
- **John Williams:** *Tiburón* (1976), *Indiana Jones y el Templo Maldito* (1984).
- **Jerry Goldsmith:** *Star Trek* (1979), *Poltergeist* (1982).
- **Wendy Carlos:** *El resplandor* (1980), *Tron* (1982).

1.6 De la década de 1980 a la actualidad

Distintas tendencias musicales conviven en la música cinematográfica **desde la década de 1980:**

- Se mantienen las bandas sonoras basadas en música sinfónica, como en sus orígenes.
- Se incorpora la utilización de sintetizadores y de música electrónica, como influencia de las nuevas corrientes musicales.
- Se fomenta la tendencia a incluir canciones comerciales interpretadas por los grupos de moda del momento.

Cada vez es más habitual encontrar canciones conocidas como reclamo comercial de las películas, lo que en ocasiones da lugar a una doble banda sonora: la que crean las canciones (a veces, auténticos videoclips insertados en medio de la película) y la que se escribe especialmente para cada escena.

Desde el punto de vista técnico, los avances en las técnicas de audio, con la llegada del sistema Dolby estéreo al cine, permiten dotar al sonido de una calidad y de unos matices hasta ese momento inimaginables.

- **James Horner.** Se convirtió en uno de los compositores más comerciales, con títulos como *Titanic, Leyendas de pasión, Braveheart, El nombre de la rosa, El niño con el pijama de rayas, Avatar, Los 33*.
- **Hans Zimmer.** Compuso bandas sonoras de grandes producciones como *El príncipe de Egipto, Marea roja, El rey león, Gladiator* o *Interstellar*, que le hicieron muy popular.
- **Rachel Portman.** Es la primera mujer en ganar un Oscar como mejor banda sonora por *Emma* (1996). Otras composiciones suyas son *Chocolat* (2000) y *La sonrisa de la Mona Lisa* (2003).

Investiga

Algunas bandas sonoras de...

- **James Horner:** *El nombre de la rosa* (1986), *El informe pelícano* (1994), *Titanic* (1997), *Avatar* (2009), *Oro negro* (2011), *Los 33* (2015).
- **Hans Zimmer:** *El rey León* (1994), *Gladiator* (2000), *Madagascar* (2005), *Piratas del Caribe* (2007), *Interstellar* (2014).
- **Jocelyn Pook:** *Caótica Ana* (2007), *Habitación en Roma* (2010).
- **Eva Gancedo:** *La buena estrella* (1997), *La mirada de Ouka Leele* (2009).

La banda sonora de *Gladiator* (2000), compuesta por Zimmer, ofrece contrastes entre momentos de gran intensidad épica con otros melancólicos en una combinación casi perfecta.

Compositores españoles

En cuanto a España, las dos últimas décadas del siglo xx han visto la aparición de numerosos compositores de gran talento:

- **José Nieto.** Es uno de los compositores más importantes de nuestro cine. Destacan las bandas sonoras de películas como *El bosque animado, El rey pasmado, El maestro de esgrima, Días contados, El perro del hortelano*.
- **Alberto Iglesias.** Colaboró con Julio Medem en *La ardilla roja, Los amantes del círculo polar* y *Lucía y el sexo*, entre otras. Posteriormente, trabajó con Pedro Almodóvar en *Todo sobre mi madre, La piel que habito* y *Hable con ella*.
- **Roque Baños.** Ha sido el encargado de hacer la música de algunas de las películas más comerciales del cine español. Son suyas las bandas sonoras de *Torrente, el brazo tonto de la ley; La comunidad; El corazón del guerrero, Segunda piel, Regression*.

Bandas sonoras que han recibido premios Goya

1996. Alberto Iglesias, *Tierra.* **1997.** Eva Gancedo, *La buena estrella.* **1998.** Alberto Iglesias, *Los amantes del círculo polar.* **1999.** Alberto Iglesias, *Todo sobre mi madre.* **2000.** José Nieto, *Sé quién eres.* **2001.** Alberto Iglesias, *Lucía y el sexo.* **2002.** Alberto Iglesias, *Hable con ella.* **2003.** Juan Bardem, *Al sur de Granada.* **2004.** Alejandro Amenábar, *Mar adentro.* **2005.** J.A. Leyva & D. Abad & K. Ferrer, *Habana Blues.* **2006.** Alberto Iglesias, *Volver.* **2007.** Roque Baños, *Las 13 rosas.* **2008.** Roque Baños, *Los crímenes de Oxford.* **2009.** Alberto Iglesias, *Los abrazos rotos.* **2010.** Alberto Iglesias, *También la lluvia.* **2011.** Alberto Iglesias, *La piel que habito.* **2012.** Alfonso Villalonga, *Blancanieves.* **2013.** Pat Metheny, *Vivir es fácil con los ojos cerrados.* **2014.** Julio de la Rosa, *La isla mínima.*

El compositor Alberto Iglesias ha sido nominado en varias ocasiones a los premios Oscar, además de recibir otros reconocimientos internacionales y nacionales, como los premios Goya.

Taller profesional

Los profesionales que intervienen en la **sonorización musical de imágenes** son el compositor de música para cine y el ambientador musical. El compositor crea música inédita (nueva) para una película. El ambientador selecciona música de discos ya editados y la sincroniza con las imágenes. Ambos han de acomodarse a unas escenas filmadas, pero el segundo no es autor.

Para ser un **compositor de cine** versátil conviene tener una educación mixta de música clásica, con un título superior de Composición de Conservatorio o Escuela Superior de Música, y de música moderna, con conocimientos de estilos, armonía moderna e informática musical.

El **ambientador** musical ha de poseer una gran cultura en todo tipo de músicas y conocer las novedades que se editan en el mercado discográfico. Habitualmente, se le exige un título superior de Música.

1. Busca información sobre las tareas concretas que realizan el compositor de cine y el ambientador musical.
2. Anota en tu cuaderno los nombres de los compositores que hayan participado en tus películas favoritas. Comenta en clase si su música tiene algo en común en cuanto a su estilo, instrumentos, etc.

2 Escucha una banda sonora

2.1 Qué vas a escuchar

La banda sonora que vas a escuchar pertenece a la película *El cartero y Pablo Neruda* (titulada originalmente *Il postino*), compuesta por Luis Bacalov. Recibió el Oscar a la mejor banda sonora en 1995.

La película narra la historia de Mario, un sencillo cartero de un pueblo italiano, y su especial relación con el poeta chileno Pablo Neruda, que vivió en Italia durante su exilio. Mario es el encargado de entregarle el correo al poeta y poco a poco nace entre ellos una bonita amistad. Neruda va introduciendo a Mario en el poder de las palabras a través de la poesía. Gracias a ello, el cartero consigue el amor de Beatrice, la mujer que ama.

El compositor realizó la banda sonora a partir de un leitmotiv basado en una **melodía central a la que da sucesivas variaciones.** Con ello consiguió, por un lado ambientar, de manera idílica, el pueblo donde transcurre la acción, y, por otro, reforzar la ingenuidad del personaje del cartero, tanto en su relación con el poeta como con la mujer de sus sueños.

Cartel promocional de la película *El cartero y Pablo Neruda*. Música de Luis Bacalov.

2.2 El leitmotiv en la banda sonora

Richard Wagner, gran compositor alemán del siglo XIX, fue de los primeros en utilizar el leitmotiv en sus óperas, al dotar a cada personaje de una melodía que lo caracterizaba.

El **leitmotiv** se comenzó a utilizar en el cine en la década de 1930 y, desde entonces, su presencia en las **bandas sonoras** de las películas es una constante.

Hay películas que permanecen fácilmente en nuestra memoria gracias a los leitmotiv que forman parte de ellas. Son ejemplo de ello películas como *Lo que el viento se llevó, Psicosis, Indiana Jones, Tiburón, Star Wars,* etc.

Investiga

Visiona en la red el tráiler de la película de suspense *Tiburón* (1975) de Steven Spielberg y música de John Willians.

La inconfundible banda sonora de *Tiburón*, de John Williams, le valió un Oscar a la mejor banda sonora.
El leitmotiv del tema principal es una sencilla alternancia de dos notas interpretadas con la tuba, que provoca miedo y suspense ante un peligro inminente.

Escucha, comprueba, reflexiona...

Banda sonora de *El cartero y Pablo Neruda*, de Luis Bacalov.

El tema principal de la banda sonora utiliza varias técnicas compositivas, propias de la década de 1990, cuando los compositores combinaban frecuentemente estilos, instrumentos y ambientes diferentes.

El tema principal se corresponde con el personaje protagonista, el cartero. Esta melodía es tomada como leitmotiv y aparece en numerosas ocasiones, a lo largo de la película, con diversas transformaciones.

1 Visiona en la Red el trailer de la película. Comenta en clase los puntos más destacados.

2 ¿Qué calificativos te sugiere esta música? Escribe una lista de adjetivos que te surjan en el momento de escuchar la música. ¿Pueden coincidir todos ellos con la personalidad del personaje protagonista?

3 ¿Recuerdas las bandas sonoras de *El padrino* y de *La mandolina del capitán Corelli*? ¿Qué instrumento de los utilizados en ellas y en *El cartero* piensas que le da un sabor popular italiano a su música? ¿En qué sección se produce?

4 ¿En qué parte se produce un cambio de tonalidad?

5 ¿Cuál es el reto de una banda sonora? ¿El compositor hubiera superado el reto si hubiese elegido una banda sonora basada en marchas militares para esta película? Explica la respuesta.

Interpreta *Raindrops Keep Falling On My Head*

La canción que vas a interpretar es un claro ejemplo de cómo algunas películas están, inevitablemente, ligadas a una canción.

El músico Burt Bacharat junto a Hal David la compusieron para la película *Dos hombres y un destino* (1969), galardonada con los Oscar a la mejor canción original y a la mejor banda sonora.

Prepara el ritmo

Al interpretar las corcheas, un músico puede optar por interpretar las corcheas con una duración ligeramente distinta para dar mayor expresión al pasaje musical en el que están integradas. El resultado son las **corcheas atresilladas,** que aunque se escriban dos corcheas, se interpretan como si fueran dos tercios del pulso, y la otra, un tercio.

Observa estos dos fragmentos. Son dos maneras de escribir lo mismo y se interpretan de forma igual.

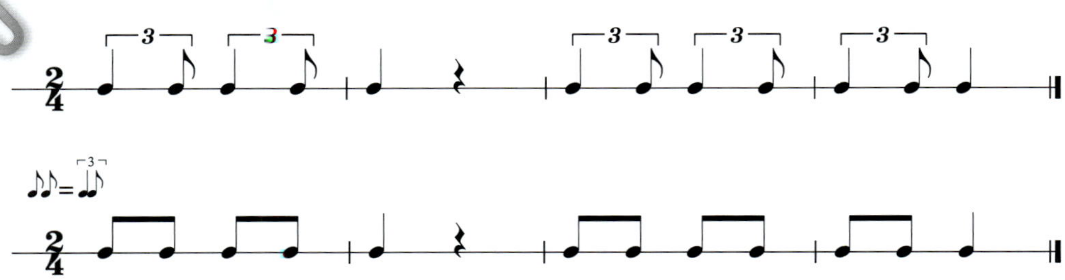

La corchea atresillada es un recurso muy utilizado en algunos estilos musicales, como en el jazz

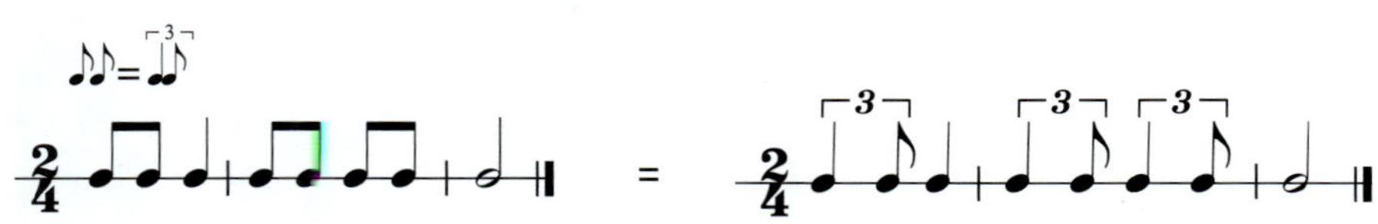

Compases de subdivisión ternaria

Se denominan **compases compuestos** o de **subdivisión ternaria** a un tipo de compases que tienen sus tiempos subdivididos en tres corcheas, en vez de en dos, que es lo habitual.

Investiga

Visiona en la Red la escena del paseo en bicicleta de Paul Newman y Katharine Ross en *Dos hombres y un destino.*

Prepara la armonía

Un **acorde de séptima** es un acorde de cuatro notas (cuatríada) que se forma añadiendo una séptima a la tríada básica. Se puede añadir una séptima a cualquier triada, ya sea mayor o menor. Observa los cifrados.

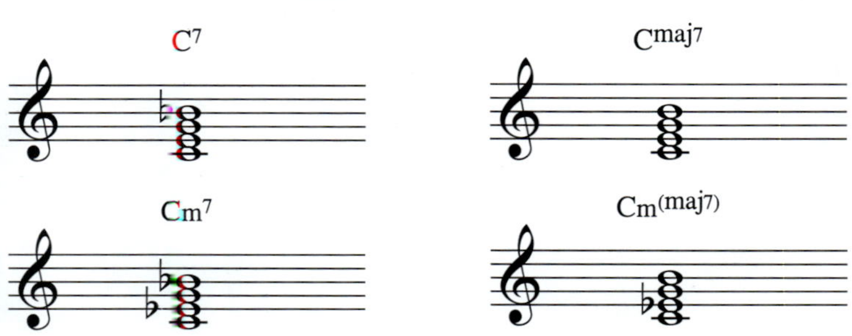

Raindrops Keep Falling On My Head

B. J. Thomas

A A B A' B (inst. y voz) A' Coda

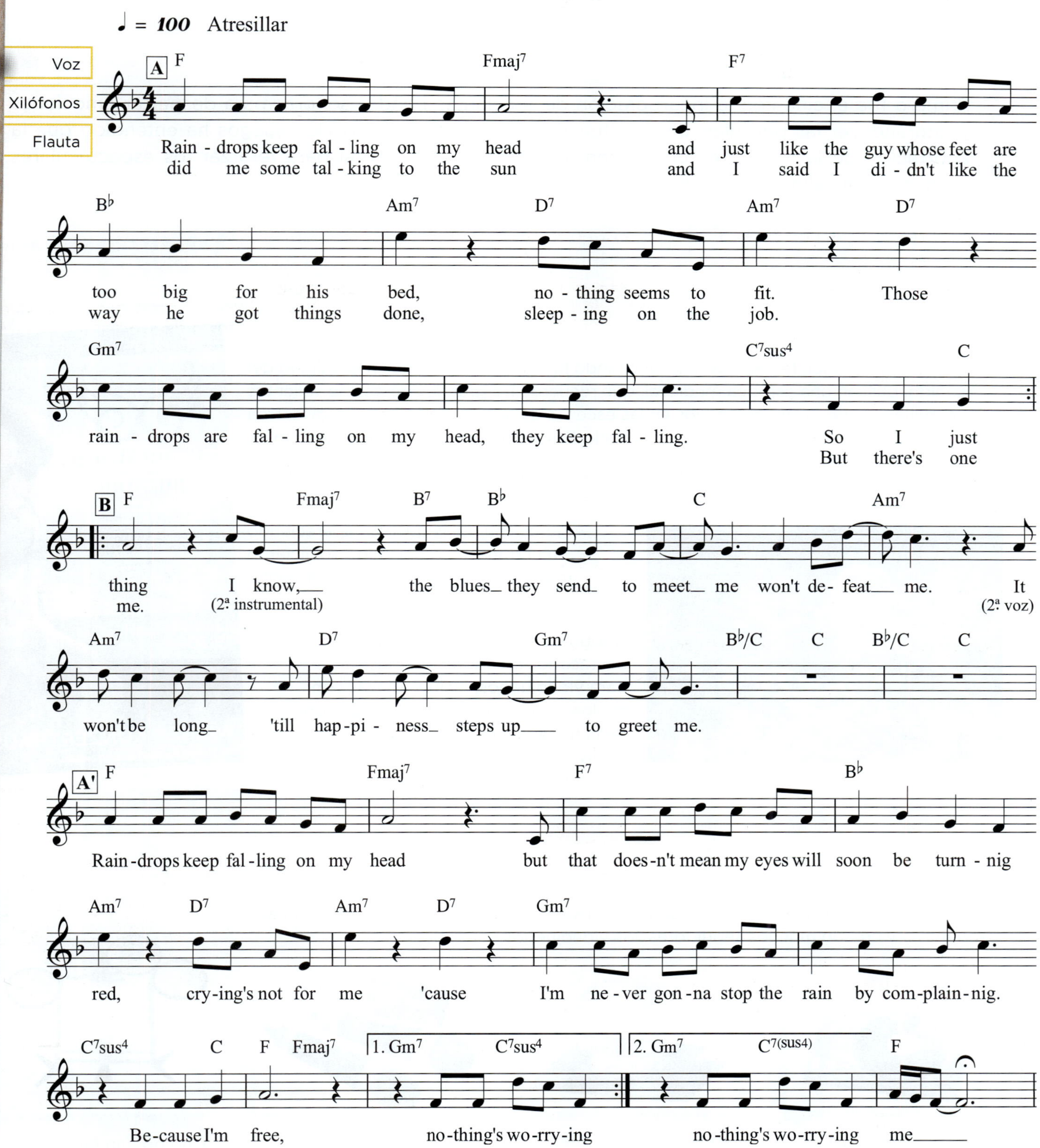

El muro musical

Videojuegos: música, por favor

Primero fue el cine con la incorporación de excelentes bandas sonoras para despertar emociones y engrandecer las películas. En la actualidad, la industria de los videojuegos ha entendido que la aportación de la música es un elemento narrativo fundamental para reforzar los espectaculares avances en la calidad de los gráficos.

La música en los juegos

Son frecuentes los temas que, aprovechando los avances técnicos en la calidad del sonido, buscan una estética medieval, que recuerda las grandes gestas de valientes caballeros, con ritmos marcados en las escenas de acción, sobre los que discurren melodías vigorosas interpretadas por coros.

La saga Final Fantasy es una colección de juegos que desde su primera aparición en 1987 obtuvo un gran éxito comercial.

Algunas melodías que van apareciendo en el transcurso del juego se hicieron muy populares desde su lanzamiento.

Nobuo Uematsu, uno de los más destacados creadores de música para videojuegos, incluye piezas con estilos diversos que varían en función de la historia: new age, sinfónico, heavy metal...

Hacer de la música un juego

A lo largo de la historia de los videojuegos, han surgido varios títulos que han marcado tendencias y creado muchos seguidores: los videojuegos musicales.

Unos permiten jugar a ser Dj por un rato. La máquina original *Beatmanía* contaba con un plato giratorio y varios botones.

Otros son verdaderas máquinas de baile. *Dance Dance Revolution* fue una auténtica revolución.

Algunos son entretenidos karaokes, como *Singstar*, con partidas online, y una comunidad de vídeos de los jugadores, cantando.

Y no podían faltar aquellos que ofrecen la posibilidad de tocar batería, bajo, guitarra y un cantante... ¡incluso todos juntos!

Trabaja con lo aprendido

Comprueba

1 Explica cómo se interpretaban las primeras músicas que acompañaban a las películas de cine mudo.

2 Escribe una breve redacción sobre la evolución de la forma de componer música para cine desde los comienzos del cine mudo.

3 Explica qué es un leitmotiv, de dónde procede y cómo se utiliza en las bandas sonoras.

4 Investiga y escribe el nombre de una compositora y de un compositor españoles de bandas sonoras premiadas con un Goya y el título de la película.

Practica

5 Lee los fragmentos siguientes tal y como están escritos; después, interprétalos como si fueran corcheas atresilladas.

6 ¿En qué consiste tocar en una determinada tonalidad?

7 Escribe en tu cuaderno de pentagramas tres escalas mayores con distinta nota tónica cada una de ellas.

8 Copia en tu cuaderno de pentagramas esta melodía en la tonalidad de do mayor. Después, interprétala con la flauta.

Investiga

9 Observa y analiza la música, los diálogos y los efectos de sonido de las siguientes escenas de cine mudo, con los mejores actores de la época:

- «La escada por la fachada», *El hombre mosca* (1923), con Harold Lloyd.
- «En la jaula del león», *El circo* (1928), con Charles Chaplin.
- El corto *Big Business* (1929), con Stan y Ollie, conocidos como El gordo y el flaco.

Una reseña sobre una película

Redactar una breve reseña sobre una película o un compositor puede ser un ejercicio que te ayude a valorar una manifestación artística tan importante como es el cine y la relación tan estrecha que tiene con la sociedad.

Os proponemos dos tipos de reseñas para que realicéis la que más os interese:

a. Reseña de un compositor (biografía, composiciones, premios…).

b. Reseña de una película (año, director, nacionalidad, banda sonora, actores, premios…).

Tenéis a continuación una reseña sobre el compositor John Williams y otra sobre la película *Gladiator* del director Ridley Scott, que os pueden servir de modelo. Junto a ellas encontraréis una lista con películas y otra, con compositores.

Decidid el objeto de vuestro trabajo

1 Formad grupos de cuatro personas y elegid una película o un compositor de las listas que tenéis en la parte inferior.

Iniciad la investigación

2 Buscad información con los medios de que dispongáis. Contrastad los datos para detectar posibles errores. Se trata de que el trabajo sea lo más riguroso posible.

Organizad y redactad

3 Es el momento de decidir los contenidos que vais a incluir en la reseña, organizarlos y redactar.

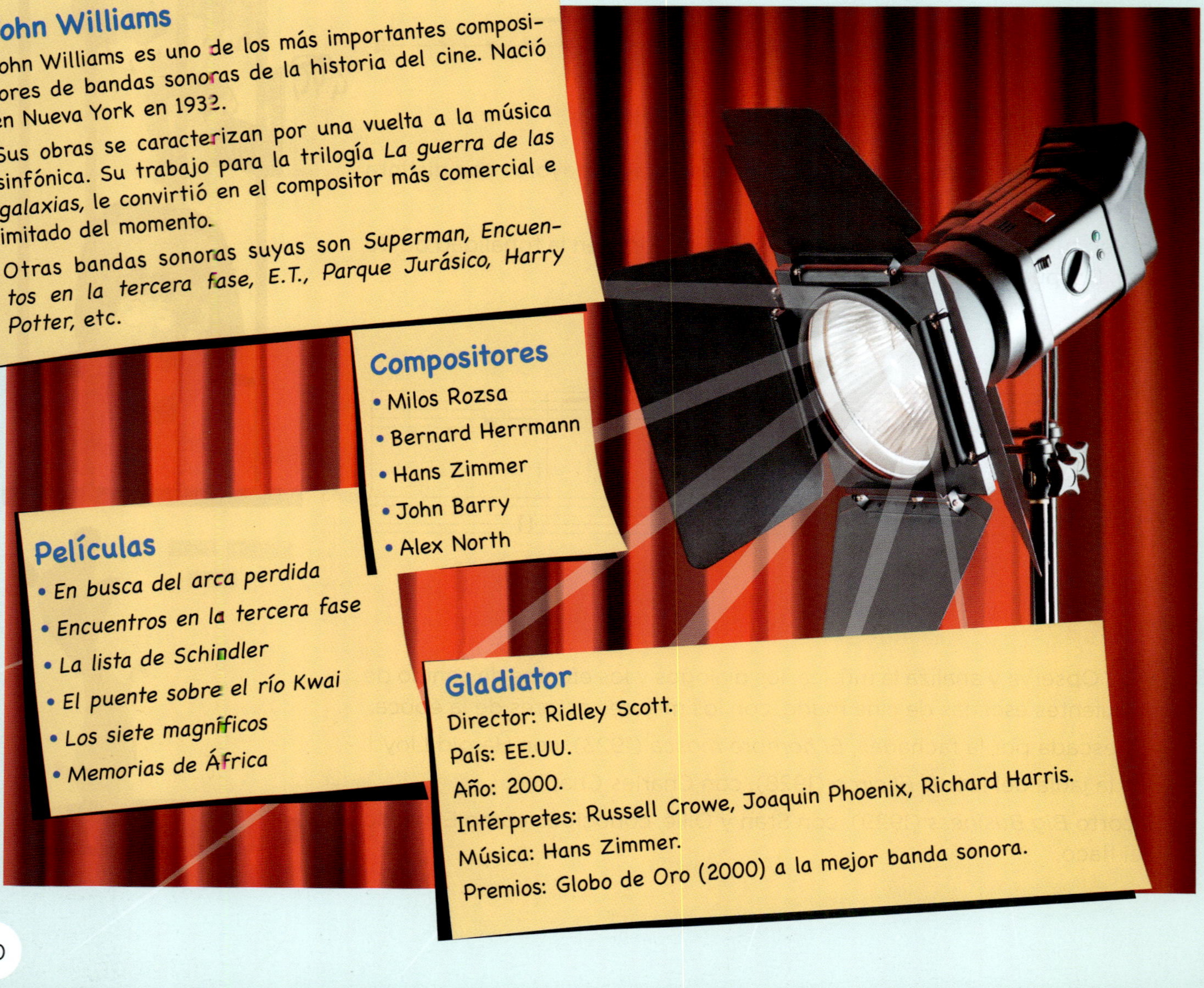

John Williams

John Williams es uno de los más importantes compositores de bandas sonoras de la historia del cine. Nació en Nueva York en 1932.

Sus obras se caracterizan por una vuelta a la música sinfónica. Su trabajo para la trilogía *La guerra de las galaxias*, le convirtió en el compositor más comercial e imitado del momento.

Otras bandas sonoras suyas son *Superman, Encuentros en la tercera fase, E.T., Parque Jurásico, Harry Potter*, etc.

Compositores

- Milos Rozsa
- Bernard Herrmann
- Hans Zimmer
- John Barry
- Alex North

Películas

- *En busca del arca perdida*
- *Encuentros en la tercera fase*
- *La lista de Schindler*
- *El puente sobre el río Kwai*
- *Los siete magníficos*
- *Memorias de África*

Gladiator

Director: Ridley Scott.

País: EE.UU.

Año: 2000.

Intérpretes: Russell Crowe, Joaquin Phoenix, Richard Harris.

Música: Hans Zimmer.

Premios: Globo de Oro (2000) a la mejor banda sonora.

5

¡Que comience la ópera!

La música, vinculada a la vida del ser humano desde épocas remotas, ha marcado también con su presencia el desarrollo de otras expresiones artísticas.

Su capacidad de servir de vehículo para la comunicación de emociones, de sentimientos, de ideas, convirtió a la música en un complemento fundamental en las representaciones dramáticas. Así, de esta unión de música y teatro surgió uno de los grandes géneros musicales: la ópera.

Veo, pienso, me pregunto... Después, comparto.

1. Cuál sería la función de la música en las primeras representaciones teatrales de la Antigüedad.
2. Qué caracteriza una ópera.
3. Cómo descubrir el gusto por la ópera: «Solo se ama lo que se conoce».
4. Internet permite visionar grandes interpretaciones operísticas sin asistir a ellas en directo.

1 Se levanta el telón

1.1 La música escénica

La representación escénica de historias está presente en nuestro mundo desde la Antigüedad clásica. En ellas, la música tiene un papel fundamental.

La **música escénica** es aquella que está destinada a acompañar una representación, ya sea teatral, operística, etc.

La música escénica **crea el ambiente y transmite las sensaciones** acordes con las escenas que se están representando. En unos casos, es la base de la obra, como ocurre, casi siempre, en la ópera y en el musical. En otros casos como en el teatro, la música crea el ambiente adecuado para imaginar.

En la Edad Media, los atrios de los templos se utilizaban para representaciones teatrales cantadas.

Antecedentes históricos

Las representaciones teatrales, antecesoras de la ópera, no siempre se han realizado en los edificios que hoy llamamos teatros. Observa en el siguiente esquema cómo, tras épocas de mayor o menor esplendor, el teatro acabó siendo muy popular. Su desarrollo ofrecía cada vez más posibilidades escénicas y musicales. Este hecho, junto a la unión de la dramatización, la palabra y la música, dio origen a grandes espectáculos, cómo la ópera.

Los teatros de la Antigüedad

La fascinación por las representaciones teatrales llevó a los griegos y a los romanos, hace más de 2000 años, a construir los **teatros,** auténticas maravillas arquitectónicas.

En las iglesias

Tras una época de guerras e incultura, las representaciones escénicas volvieron ante el público, pero ahora al interior de las **iglesias** y con temas religiosos.

En los atrios

El clero no quería que el espectáculo en las iglesias tuviera más importancia que la oración y decidió que las representaciones se realizaran en el exterior del templo, en el **atrio.**

En las plazas

Pronto se buscaron espacios más amplios para más público, comenzando así las representaciones en las **plazas** de las villas y con temas más populares.

En los corrales de comedias

Pero las circunstancias aconsejaron otros escenarios, al abrigo de las inclemencias del tiempo y el barullo callejero. Se optó por los **corrales de comedias.**

En los teatros

A partir de entonces, las representaciones teatrales se consolidaron de tal manera que se construyeron los **teatros** tal y como los conocemos hoy día.

1.2 El nacimiento de la ópera

El **origen** de la ópera se encuentra en la **Camerata Fiorentina,** surgida en Florencia (Italia) a finales del **siglo XVI.** Se trataba de un grupo de poetas, músicos, cantantes y nobles cultos (humanistas) que se reunían para discutir acerca de la música, la literatura y el arte.

Uno de los temas de discusión trataba sobre cómo serían las representaciones teatrales en la antigua Grecia. Concluyeron que eran cantadas, pero no de forma polifónica, como se estaba haciendo en Europa en el siglo XVI.

La Camerata se propuso entonces **emular a los griegos clásicos.** Eligieron un tema mitológico, escribieron el texto y compusieron una música. Este montaje escénico se tituló *Dafne,* y su música fue compuesta por Jacopo Peri (1561-1633). La obra se representó con unos sencillos decorados.

Sin embargo, se suele considerar la **primera ópera de la historia** la obra *La favola d'Orfeo,* de Claudio Monteverdi (1567-1643). Reúne las características que, a partir de entonces, definen el género operístico.

La **ópera** es una obra dramática y musical en la que los actores se expresan mediante el canto, acompañados por una orquesta.

Términos operísticos

Libreto

Es el texto teatral. Sobre él, el compositor escribe lo que ha de cantar cada personaje.

Libretista

Es el escritor especializado en los textos para óperas. Ha de tener en cuenta el ritmo de las frases, las rimas, etc.

El argumento de las primeras óperas giraba en torno a los dioses y héroes de la Antigüedad clásica.
La literatura y la música son como dos ríos que cuando confluyen aumentan su caudal expresivo.
Es el caso de *La favola d'Orfeo,* de Monteverdi, representada en el Liceo de Barcelona.

Escucha, comprueba, reflexiona...

La favola d'Orfeo (1607) de Claudio Monteverdi.

Este fragmento representa la conversación entre Orfeo y unos pastores. Se inicia con un pasaje orquestal llamado sinfonía; cada intervención de los cantantes está separada por un fragmento orquestal. Al final, interviene el coro.

1. Escribe en tu cuaderno la forma musical. Utiliza letras mayúsculas.
2. ¿Qué tipos de voces (agudas, medias o graves) intervienen? ¿En algún momento cantan varios a la vez?

Francesca Caccini

Francesca Caccini (1587-1641) poseía un enorme talento para la música. Era contemporánea de Monteverdi y compartían un estilo moderno. Fue la primera mujer que compuso una ópera. Realmente, compuso cinco, pero solo se conserva una: *La liberazione di Ruggiero* (1625).

1.3 La expansión de la ópera

La ópera se extendió con rapidez por toda Europa. A lo largo del **siglo XVII se construyeron los primeros teatros** específicos para representaciones **de ópera,** con espacio destinado a los músicos. Se llamaron óperas. Algunas son verdaderas maravillas arquitectónicas.

En un principio, la ópera era un espectáculo reservado a la corte y a la nobleza, pero con la apertura de los nuevos teatros empezó a convertirse en un espectáculo dramático para el público en general.

La ópera seria y la ópera cómica

Desde los inicios del género, los temas de **los argumentos** habían ido variando en función de los gustos de las épocas, incluso, según los idiomas empleados. Así el italiano fue durante mucho tiempo el idioma universal de la ópera, hasta la introducción del alemán y de otros idiomas como el francés.

La **ópera seria** se caracteriza por tratar **temas dramáticos** inspirados en la mitología, en la historia y con personajes poderosos y distinguidos como dioses, héroes o reyes. La música es **exquisita y refinada.** Estas óperas están dirigidas a un público culto.

Por otro lado, la **ópera cómica** se basa en un argumento de **enredo,** con situaciones cómicas y siempre con final feliz. Los temas son sencillos, cotidianos, con personajes populares con los que es fácil identificarse. La música es **alegre, desenfadada.** Esta ópera no va dirigida a una élite, sino que pretende gustar a todos.

La mujer en la historia

"Es urgente contar la historia de nuevo tal y como ha transcurrido. Dando a las mujeres la verdadera dimensión que merecen, sacándolas del silencio que las niega en los libros de historia y dándoles el protagonismo real que han tenido" (Les comadres. *La otra historia*).

Esta discriminación histórica hacia las mujeres ha sepultado e impedido que grandes talentos musicales femeninos alcanzaran la fama.

A pesar de los períodos de prohibición y prejuicio, hoy día las mujeres están consiguiendo que se escuchen sus creaciones, sus instrumentos, sus voces, su música.

Los teatros de ópera tienen un espacio para alojar a los músicos de la orquesta llamado foso por estar a un nivel inferior del escenario.

Las partes de una ópera

La ópera ha ido evolucionando a lo largo de su historia. La temática, las partes que la forman y la manera de interpretarlas también han ido cambiando.

La ópera consta de las partes siguientes:

- **Obertura o preludio.** Pieza orquestal que precede al inicio de la acción o al comienzo de cada acto. Estos pasajes pueden aparecer también en medio de la ópera, denominados intermedios o interludios.
- **Coros.** Es el canto común en determinadas partes de la ópera, en la que se unen todos los personajes.
- **Aria.** Pieza independiente en la que actúa generalmente uno o más cantantes solistas acompañados por la orquesta. El aria es, junto con los coros, una de las partes que gusta más al público.
- **Recitativo.** Fragmento entre las arias en el que los cantantes parecen recitar el texto. Se utiliza para narrar la acción mediante el diálogo de los personajes y suele tener un acompañamiento musical muy simple.

El *bel canto*

Se trata de una determinada forma de cantar caracterizada por la gran capacidad vocal y expresiva de los intérpretes, que han de dominar técnicas de canto muy complejas.

El *bel canto* es el estilo vocal característico de la ópera italiana del siglo XIX.

Los principales componentes de una ópera

Los principales componentes de una ópera son las diferentes voces de los cantantes, los músicos y el director, los decorados y el público:

- **La voces:**
  - — **Soprano:** voz aguda femenina; suele ser la protagonista de la obra.
  - — **Mezzosoprano y contralto:** voces medias y graves femeninas. Normalmente interpretan papeles secundarios: madre, criada, rival, etc.
  - — **Tenor:** voz aguda masculina. Es el héroe, el galán, el valiente, y generalmente, el protagonista.
  - — **Barítonos y bajos:** voces medias y graves masculinas. Suelen interpretar papeles secundarios: amigos o viles enemigos del protagonista.
  - — **Coro:** transeúntes, invitados, esclavos, soldados... Suelen estar agrupados en el escenario.
- **El director de orquesta y los músicos:** El director dirige a los músicos y cantantes desde una tarima, entre el foso de los músicos y el escenario.

  El **foso** de los músicos es un espacio reservado para la orquesta. Está situado delante del escenario.
- **El decorado:** Antiguamente eran telas pintadas. Hoy día se utiliza todo tipo de materiales movidos por una complicada maquinaria informatizada.
- **El público:** Son los espectadores que con el libreto en mano siguen el desarrollo de la ópera desde el llamado **patio de butacas.**

En la ópera, cada tipo de voz se asigna a un personaje protagonista de la obra.

Comprende, piensa, aplica...

1 ¿Qué es una ópera? ¿Cuáles son sus principales partes?

2 Investiga y explica qué era la Camerata Fiorentina y cuál fue su aportación a la historia de la música.

3 ¿Cómo es el *bel canto*? ¿De qué óperas es característico?

4 Explica cuáles son los principales elementos de una ópera. Investiga sobre otros componentes como maquillaje, vestuario, luces, etc.

1.4 El período clásico

En música, se denomina **período clásico** al desarrollado a partir de la segunda mitad del siglo XVIII, hasta el primer cuarto del siglo XIX. Dos de los compositores más representativos de ópera durante el clasicismo son Gluck y Mozart.

Christoph Willibald Gluck (1714-1787) destacó por haber realizado la primera gran reforma de la ópera. Los cambios que incorporó Gluck pretendían devolver la sencillez y la naturalidad a la ópera: poner la música al servicio del texto y convertirla en un medio para describir la historia y los sentimientos. Además, introdujo grandes coros y ballets. *Ifigenia en Aulide* es considerada su obra maestra.

Wolfgang Amadeus Mozart (1756-1791) fue, después de Gluck, el compositor operístico más importante del período clásico. Mozart compuso óperas de diferentes temáticas, aunque predominó la cómica. Algunas de sus óperas son de las más representadas en la actualidad: *Las bodas de Fígaro, Don Juan, La flauta mágica*...

Escucha, comprueba, reflexiona...

Aria «La Reina de la noche», de *La flauta mágica* de W.A. Mozart.

1 Escucha el registro agudo de la soprano interpretando el aria acompañado por la orquesta.

2 Localiza el argumento de *La flauta mágica* y responde: ¿Qué personajes son protagonistas? ¿Qué voces deben representarlos?

Viena, capital musical

Viena era el centro de Europa. A sus teatros, palacios, salas de conciertos, con un público entendido y amante de la música, acudían los jóvenes músicos que buscaban darse a conocer y alcanzar la fama.

Investiga

Observa la imagen y visiona en la Red la histórica representación en Londres (2003) de este mismo fragmento que has escuchado interpretado por Diana Damrau, una de las mejores soprano dramática de la actualidad, acompañada de la Orquesta de la Royal Opera House (Reino Unido).

La voz y la melodía eran las protagonistas de la ópera, donde se combinaba de manera grandiosa la voz, la orquesta sinfónica y los efectos especiales de aquel tiempo.
Un ejemplo es *La flauta mágica* de Mozart, una de las óperas más representadas en todo el mundo. Se estrenó bajo su propia dirección en 1791, dos meses antes de su muerte.

1.5 La ópera durante el siglo XIX

Durante el siglo XIX van a convivir **dos corrientes** operísticas de características propias y composiciones musicales diferentes: la ópera italiana y la ópera alemana.

La ópera italiana: Giuseppe Verdi

En el siglo XIX, **la ópera italiana** mantiene básicamente las mismas características que tenía en el siglo anterior: composiciones de óperas serias y cómicas, se consolida el *bel canto*, etc.

Sin embargo, hay dos aspectos novedosos que son el **predominio de la voz** sobre la orquesta y la **presencia del coro** arropando y dramatizando el canto.

Giuseppe Verdi (1813-1901) se considera el principal exponente de la ópera italiana. Sus composiciones evolucionaron desde óperas típicamente italianas, de temática seria o cómica, con el estilo vocal del *bel canto*, hasta otro tipo de ópera más compleja, de estructura similar a la que estaba componiendo Wagner en Alemania. El movimiento nacionalista surgido en Italia durante el siglo XIX influyó en la temática de algunas de las óperas de Verdi.

Sus obras más conocidas son *La traviata, Il trovatore, Nabucco, Rigoletto, Aida, Otello* y *Falstaff*.

El movimiento nacionalista

A mediados del siglo XIX se desarrolló en Europa el **nacionalismo,** movimiento que surgió como consecuencia de la lucha de algunos países por su independencia y su reacción ante la dominación extranjera. Se caracteriza por la exaltación de la nación y de sus valores.

El nacionalismo trascendió al ámbito musical ensalzando las raíces musicales de cada nación, su tradición cultural y su folclore.

Investiga

Visiona en la Red la inauguración, en 1991, del teatro de ópera de la Maestranza, de Sevilla, en el que los mejores tenores y sopranos del momento interpretaron «Brindisi», de la ópera *La traviata*, de Verdi.

La traviata (1853) es un drama amoroso. El libreto de su estreno, que fue un fracaso, había sido suavizado por la censura del momento.
En el primer acto se desarrolla el «Brindis», secuencia en la que la música ensalza los sentimientos y emociones de la escena.

Comprende, piensa, aplica...

1. ¿Qué compositor realizó la primera gran reforma de la ópera? Explica en qué consistió.
2. Investiga y nombra las principales voces líricas españolas de éxito internacional de finales del siglo XX.
3. ¿Cuáles son los aspectos novedosos de la ópera italiana del siglo XIX?
4. ¿Qué movimiento ideológico de su tiempo influyó en la temática de algunas de las óperas de Verdi?

La ópera alemana: Richard Wagner

Las **óperas alemanas** compuestas durante el siglo XIX giran sobre asuntos medievales o mitológicos, con personajes fantásticos, héroes, dioses, etc.

El **drama alemán** es la denominación dada a las operas de **Richard Wagner** (1813-1883). El compositor concibe la ópera como una obra de arte total que aúna música, drama, escenografía, ballet. Da unidad al desarrollo de la ópera y evita la tradicional división de la escena en arias, recitativo, etc.

Wagner incorporó en sus óperas la técnica del **leitmotiv,** que consiste en dotar a cada personaje de una melodía que lo caracteriza.

Algunas de las óperas más importantes de Wagner son *Tristán e Isolda, Tannhäuser, Lohengrin, La valkiria, Sigfrido* o *El ocaso de los dioses*.

Escucha, comprueba, reflexiona...

Escucha el «Coro de peregrinos», de la ópera *Tannhäuser*, de R. Wagner.

El «Coro de peregrinos» aparece en el Acto III de la ópera *Tannhäuser*. El coro de hombres representa, en escena, a un grupo de peregrinos que se dirige a Roma.

1 ¿Qué tipos de voces tiene el coro de hombres?

2 Escucha detenidamente la audición e indica en qué momento hace su entrada la orquesta. Explica las sensaciones que te produce.

Investiga

Visiona en la Red la representación de la «marcha nupcial», de la ópera *Lohengrin*, de Wagner. Seguro que has escuchado esta melodía en alguna ocasión.

Escena de la ópera *Tannhäuser*, de Wagner. Su estreno en Dresde (Alemania) no logró el éxito esperado debido a un reparto desacertado. Posteriormente, con nuevos cantantes líricos, la obra se ha convertido en una de las mejores óperas de la historia.

1.6 La ópera a partir del siglo xx

El siglo xx representa la búsqueda de **nuevos caminos** ante la pérdida de popularidad de la ópera con la ascensión del cine.

Aunque la época de oro de la ópera se suele asociar al siglo XIX, el siglo XX también tiene destacados compositores.

Richard Strauss (1864-1949) es considerado el último compositor romántico de óperas, aunque estuvo plenamente activo en el siglo XX. Algunas de sus obras más importantes son *Salomé, Electra* o *El caballero de la rosa*.

Arnold Schoenberg (1874-1951) es otro de los compositores destacados. Ideó un nuevo sistema musical basado en la utilización de doce notas diferentes sin el uso de una nota tónica ni acordes tríada tradicionales. Mediante este método compuso su ópera *Moisés* y *Aarón*.

Grandes voces líricas del siglo xx

El siglo xx nos ha ofrecido grandes voces líricas que han hecho historia con su arte:

- Enrico Caruso (Italia, 1873-1921).
- María Callas (EE.UU., 1923-1977).
- Mario del Mónaco (Italia, 1915-1982).
- Renata Tebaldi (Italia, 1922-2004).
- Montserrat Caballé (España, 1933).
- Luciano Pavarotti (1935-2007).
- Plácido Domingo (España, 1941).

Actualmente, Anna Netrebko (Rusia, 1971) es de las mejores soprano y actriz del momento. El color especial de su voz y su amplia tesitura le permiten representar gran variedad de personajes.
En la imagen, en un recital en Barcelona (2014).

Taller profesional

Algunos de los profesionales más destacados que intervienen en una representación de ópera son los **cantantes,** la **orquesta,** el **director musical,** los **bailarines,** los **actores,** el **regidor,** el **coreógrafo** y el **director de escena.**

Los cantantes, los miembros de la orquesta y el director musical son titulados superiores del Conservatorio de Música en las ramas de Canto, Instrumento (cada uno el suyo correspondiente) y Dirección, respectivamente.

Los bailarines y el coreógrafo proceden de la Escuela de Danza.

Los actores y el director de escena son titulados de la Escuela de Arte Dramático.

1. Busca información sobre la tarea que realiza el regidor en una representación operística.
2. Busca en grabaciones de ópera los nombres de los cantantes participantes en ellas y agrúpalos según la tesitura de sus voces.
3. ¿Qué otras profesiones, no vinculadas con el mundo de la música o la escena, crees que participan en un montaje de ópera?

2 Escucha una ópera de película

2.1 Qué vas a escuchar

El fragmento que vas a escuchar pertenece al tercer acto de la **ópera *Tosca,*** de Giacomo Puccini, titulado «E lucevan le stelle». Se trata de un **aria de tenor** que canta el protagonista masculino de la ópera, Mario Cavaradossi.

La historia se desarrolla a finales del siglo XVIII, momento en el que Italia es invadida por las tropas francesas. Mario es un prisionero partidario de Napoleón Bonaparte, perseguido por la policía. Capturado y condenado a muerte, pide que se le permita escribir una carta a Floria Tosca, su amada.

Floria Tosca ha conseguido de Scarpia, el jefe de la Policía, un salvoconducto para huir y la promesa de que la ejecución de Mario será simulada. Después del aria de Mario, Tosca le cuenta esto a su amado; sin embargo, verán que se trata de un engaño.

2.2 Giacomo Puccini

Giacomo Puccini (Lucca, Italia, 1858-Bruselas, 1924) fue un famoso compositor de óperas más asomado al siglo XX que a la tradición operística del siglo anterior. Su mérito fue revitalizar la ópera italiana en unos momentos en que el cine empezaba a suponer una seria competencia. Su música, en continua evolución en función de la **tensión dramática de las escenas,** se podría clasificar como de *película*. Un ejemplo de ello es *Tosca*: como en un *thriller*, al mejor estilo de Alfred Hitchcock en sus películas de suspense, la música nos va anticipando lo que está a punto de ocurrir.

La popularidad de Puccini entre el público se debe a su **estilo melódico de gran belleza.** Aunque su nuevo estilo no estuvo muy bien visto por los críticos de su época, sus obras despertaron la admiración de grandes músicos, igualmente controvertidos, como Stravinski o Ravel, entre otros.

Investiga

Visiona en la red el capítulo de *This is ópera*, de rtve.es sobre *Tosca*, de Puccini.

Tosca fue estrenada en Roma en 1900.

Voces de *Tosca*

Observa el tipo de voz asignado a los personajes protagonistas de la obra. Es común encontrar en la ópera italiana, que la pareja de protagonistas sea un tenor y una soprano (Tosca y Mario). El villano solía ser un barítono o un bajo (Scarpia).

Floria Tosca, celebre cantante: soprano.

Mario Cavaradossi, pintor: tenor. En la imagen, lo interpreta Luciano Pavaroti.

Barón Scarpia, jefe de la Policía: barítono.

Cesare Angelotti, prisionero bonapartista fugitivo: bajo.

El sacristán: bajo.

Sciarrone, gendarme: bajo.

Un carcelero: bajo.

Escucha, comprueba, reflexiona...

«E lucevan le stelle», ópera *Tosca*, de Giacomo Puccini.

El fragmento comienza con una melodía interpretada dos veces por el clarinete, entre la que se entrelazan las frases del tenor, casi recitando, sobre una misma nota. Desde ese momento, el tenor toma la melodía del clarinete.

Observa que la forma de cantar es muy expresiva, como si el personaje dejara salir sus pensamientos. Esta modalidad interpretativa, sin marcar el ritmo de forma mecánica, se denomina **rubato.**

1 ¿Qué instrumento acompaña, discretamente, al clarinete y al tenor en la primera sección? ¿Qué instrumentos acompañan, después? ¿Qué sensaciones producen?

2 Escucha nuevamente y sigue el texto. Localiza los momentos en los que la melodía del tenor llega a las notas más agudas. ¿Crees que puede haber alguna relación entre esas notas y lo que dice el texto? Explícalo.

Cavaradossi
(pensando)

A E lucevan le stelle...
ed olezzava la terra...
stridea l'uscio dell'orto...
e un passo sfiorava la rena...
Entrava ella, fragrante,
mi cadea fra le braccia...

B Oh! dolci baci, o languide carezze,
mentr'io fremente
le belle forme disciogliea dai veli!

C Svanì per sempre
il sogno mio d'amore...
L'ora è fuggita...
E muoio disperato!
E non ho amato mai tanto la vita!...

Cavaradossi
(pensando)

A *Y brillaban las estrellas...*
y olía la tierra...
chirriaba la puerta del jardín
y un paso sacudía la arena...
Ella entró, fragante,
y cayó entre mis brazos...

B *¡Oh dulces besos, oh suaves caricias,*
mientras yo estremecido
descubría las bellas formas de los velos...

C *Para siempre desvanecido*
mi sueño de amor...
El tiempo se ha terminado...
¡Y muero desesperado!
¡Y jamás he amado tanto la vida!...

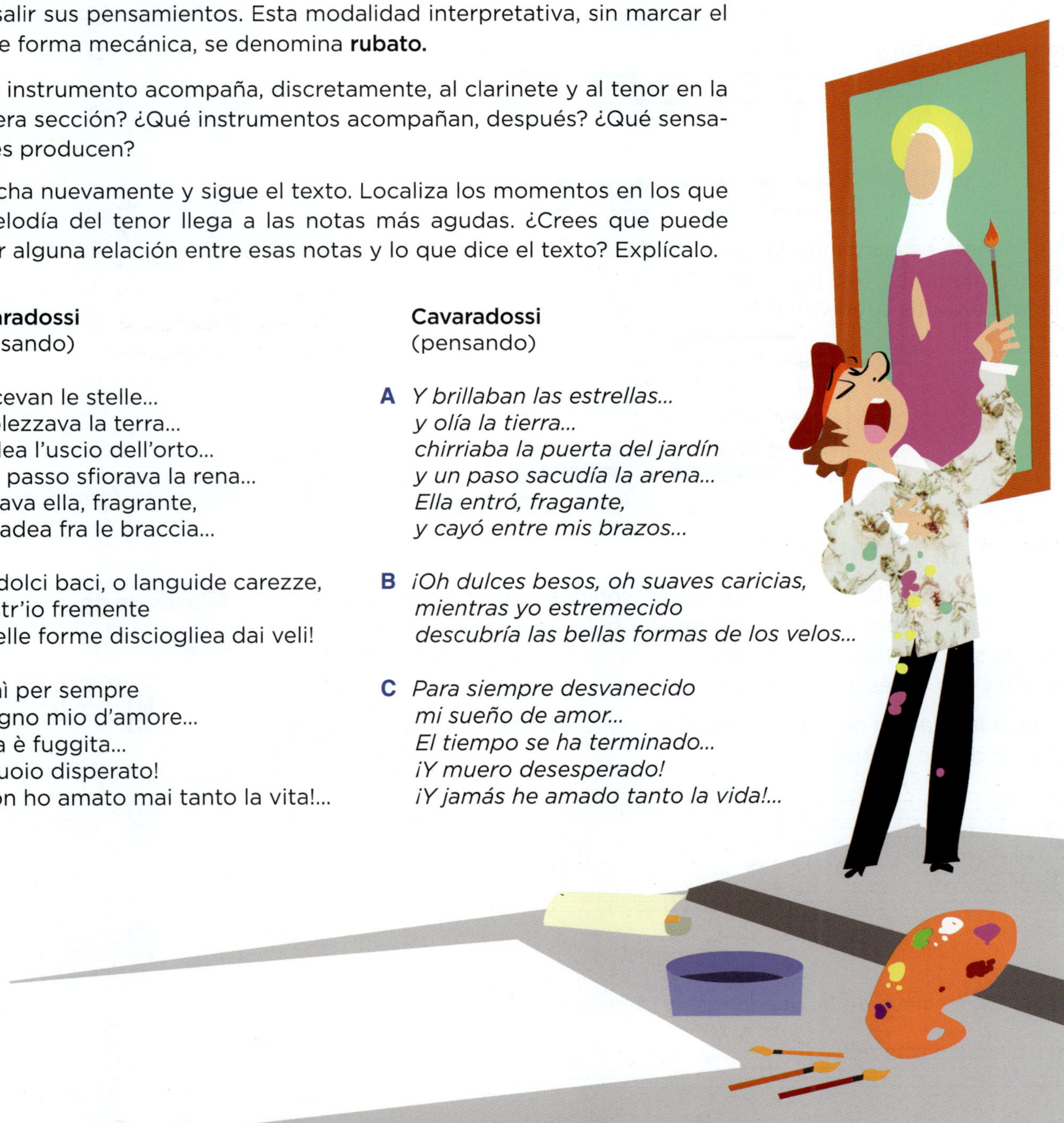

Taller de interpretación

Interpreta «Va pensiero», *Nabucco* (Verdi)

Vas a cantar «Va pensiero» junto al coro de esclavos hebreos. Este fragmento se convirtió en un himno para los italianos, que, identificándose con los hebreos, buscaban la independencia del dominio austriaco.

Prepara el ritmo

La **corchea con puntillo** ocupa tres cuartas partes de un pulso, por lo que, para completarlo, es necesaria una semicorchea más. Por este motivo, la corchea con puntillo suele ir seguida de una semicorchea, formando este ritmo peculiar.

El ritmo de corchea con puntillo puede interpretarse de dos maneras diferentes. Una es tal y como se escribe:

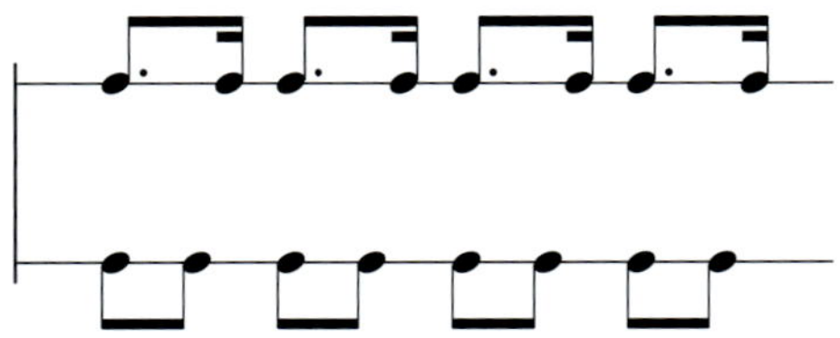

Otra manera es alargando la duración de la corchea y acortando la semicorchea, como en «Va pensiero». Esto es habitual cuando el acompañamiento tiene una subdivisión ternaria, como estos seisillos:

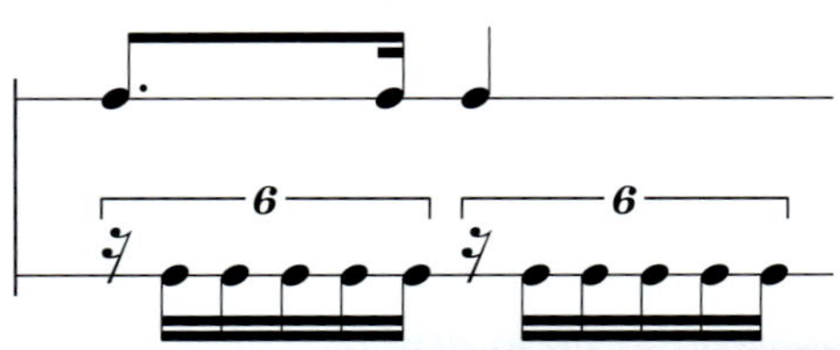

Investiga

Visiona en la red la interpretación de este fragmento dirigida por el maestro Ricardo Muti y realizada en el Teatro de la ópera de Roma (2011).

Prepara la melodía

En un coro se suele emplear **la clave** de sonidos graves, la de fa, para las melodías de los bajos. En el caso de «Va pensiero», de Verdi, se utiliza la clave de sol para las voces de mujeres y la de fa, para las de hombres. Por tanto, las dos voces leen las mismas notas, pero a distancia de octava.

Observa la relación de notas en las dos claves. Es fácil si se recuerda la colocación del do central.

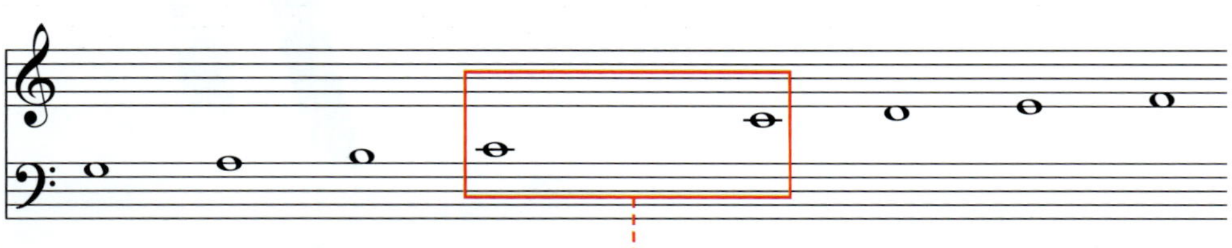

Las notas, en clave de fa, quedan de la manera siguiente:

Claves de do

Do en 1.a

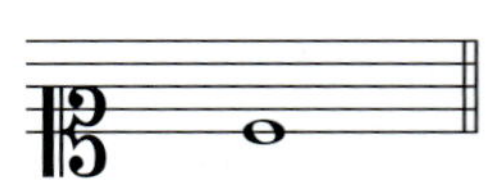

Do en 3.a

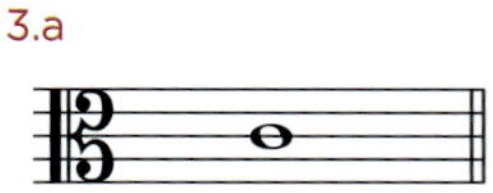

Do en 4.a

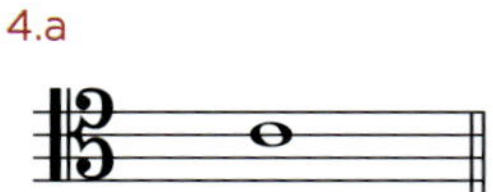

Va pensiero

«Va pensiero», ópera *Nabucco* (1842), de Verdi

I A A' B A'' C C D A E

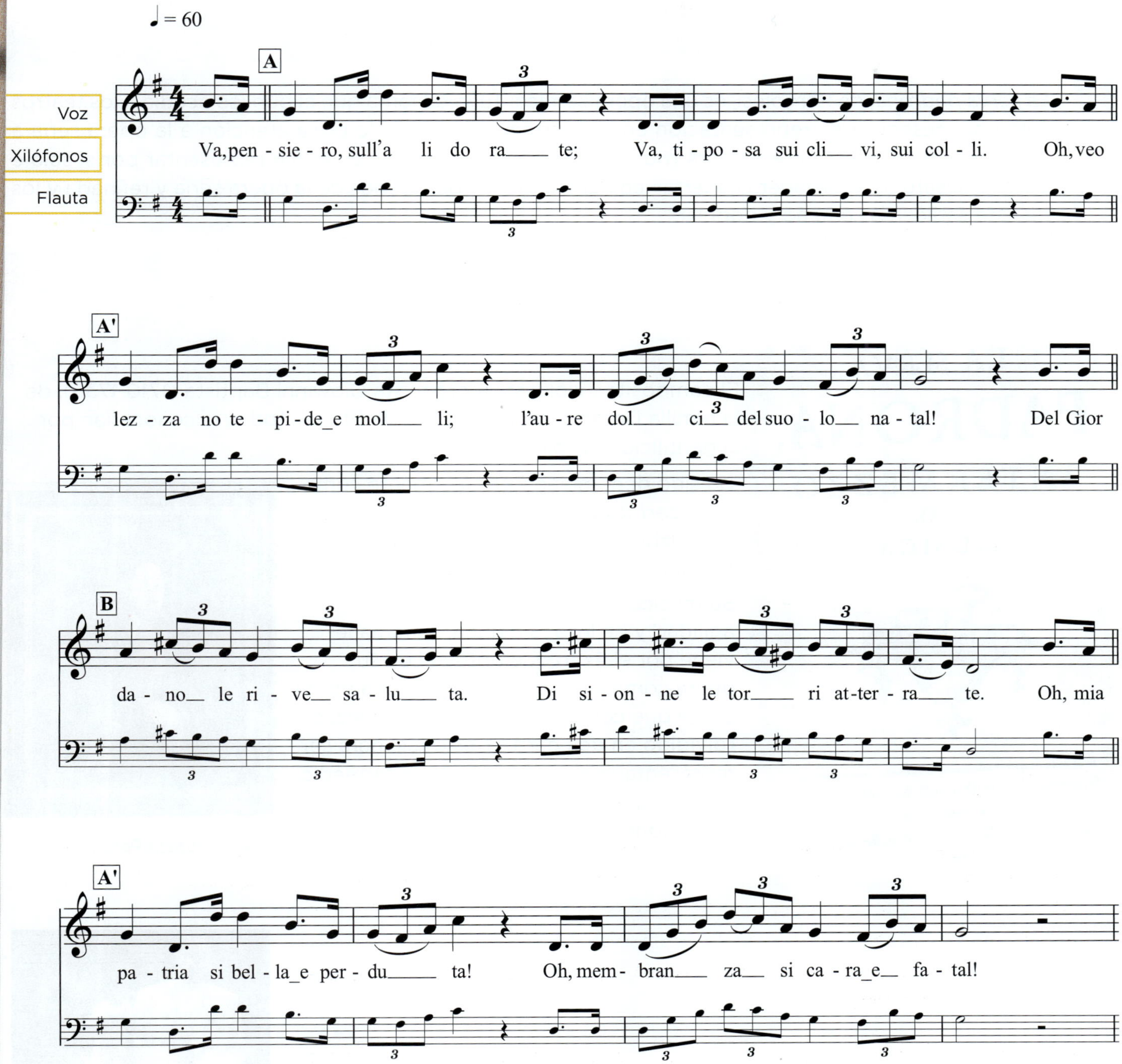

Arpa d'or dei fatidici vati,
perchè muda dal salice pendi?
Le memorie nel petto raccendi,
ci favella del tempo che fu!

O simile di Sòlima ai fati,
traggi un suono di crudo lamento;
o t'ispiri il Signore un concento,
che ne infonda al patire virtù (x3)
al partire virtù!

Y triunfó el humor: *La serva padrona*

La serva padrona, de Pergolesi, es una ópera cómica. Tuvo tal fama que el público acudía a los teatros solo por presenciar su representación en el intermezzo, prestando poca atención a la ópera seria a la que acompañaba. Con esta obra triunfó el humor en la ópera: se llegó a representar por sí sola e incluso desató una verdadera «guerra» en París entre los partidarios de la ópera seria y refinada y los de este estilo, más ameno y popular.

LA SERVA PADRONA, INTERMEZZO PER MUSICA.

Stampato a ſpeſe degli Muſici Italiani, e riveduto da Marco Soralli, Maeſtro della Lingua Itaiana.

El compositor, violinista y organista Giovanni Baptista (1710-1736), de la familia Draghi, natural de Pergola (Italia), todos le conocerían por el gentilicio Pergolesi.

Ha sido denominado popularmente como el *Mozart italiano* y al igual que el genio de Salzburgo, también murió muy joven (26 años).

Su música seduce por su sencillez, agilidad y belleza. Sin duda, su fama le viene por el éxito que obtuvo con su ópera cómica *La serva padrona*, una ópera breve que compuso como un intermezzo (dividido en dos partes), es decir, para ser representada en el descanso o intermedio de otra ópera seria que él mismo escribió (*Il prigionero superbo*).

Juan Bautista Pergolesi

La historia cuenta cómo Serpina, una desenvuelta criada al servicio de un viejo cascarrabias, solterón y de salud delicada, se las ingenia para acabar siendo la patrona.

Diseña un plan con ayuda de otro criado, quien se hace pasar por su prometido que quiere desposarla. El viejo Uberto tendrá que elegir entre pagar una dote o casarse con ella.

Al negase a pagar, no le queda otra elección. De esa forma ella logra su objetivo: acabar siendo su esposa y la dueña de la casa.

Trabaja con lo aprendido

Comprueba

1 Explica en tu cuaderno qué es la música escénica.

2 Describe, de manera breve, cuáles fueron los antecedentes de la ópera.

3 ¿Qué son el aria y el recitativo en una ópera? Explícalos.

4 ¿Cuáles son las voces femeninas y masculinas de una ópera?

5 ¿Cuáles son los compositores más destacados del período clásico?

6 ¿A qué se denomina «drama alemán»? ¿Qué compositor lo aplicó en sus obras?

Practica

7 Escribe en tu cuaderno el fragmento siguiente cambiando el ritmo de todas las parejas de corcheas. Después, interprétalo.

8 Escribe en tu cuaderno de pentagramas la melodía siguiente en clave de fa, es decir, una octava baja. Observa, como ejemplo, las primeras notas.

Investiga

9 A continuación, tienes una serie de títulos de óperas de Verdi y de Wagner. Escríbelas en tu cuaderno en dos columnas según quién fuera su compositor:

La traviata, Don Carlo, La Walkiria, Parsifal, Tristán e Isolda, Aida, Lohengrin, Otello, El holandés errante, Macbeth, Sigfrido, Rigoletto, Simon Bocanegra, La fuerza del destino.

10 De las óperas de la actividad anterior elige una e investiga su argumento. Elabora un breve trabajo para exponer en clase utilizando la tecnología informática.

Los espacios para la ópera

En esta unidad habéis estudiado la ópera como género musical. Ahora vais a ampliar vuestros conocimientos sobre ella. Se trata de que elaboréis un trabajo en grupo sobre un elemento directamente relacionado con este género: el espacio escénico; es decir, el teatro para representaciones de ópera.

Preparad el trabajo

Los teatros de ópera son edificios concebidos específicamente para la representación operística, aunque permiten la interpretación de otras artes escénicas. Debéis confeccionar un informe sobre algún teatro de ópera importante en el que tratéis de dar respuesta a cuestiones como las siguientes:

1 ¿Cuándo se construyó el teatro? ¿En qué estilo arquitectónico está construido y cuáles son sus características?

2 ¿Qué repertorio operístico se representa hoy en día?

3 ¿Cuáles han sido las óperas más representadas en ese teatro?

Buscad información

4 Organizaos en grupos de cuatro personas y escoged, cada grupo, dos teatros que podáis investigar. Podéis indagar entre los de Berlín, Bilbao, Barcelona, Madrid, París, Londres, Sidney, Milán, San Francisco, Nápoles, Buenos Aires, Washington.

Ordenad la información y mostradla

5 Tratad de dar respuesta a las cuestiones anteriores y organizad toda la información para ponerla en común ante el resto de la clase.

Extraed conclusiones

6 ¿Qué habéis averiguado como resultado de esta investigación? ¿Qué os ha llamado la atención?

Teatro Real de Madrid

Ópera de París

Ópera de Sidney

6

Un espectáculo musical

La relación entre música, texto, escenografía y acción determina que la música pueda ser la esencia misma de una obra teatral, como ocurre en la ópera, la zarzuela, el musical o la opereta.

Los compositores escriben la música en función del interés dramático de la obra para lograr la creación artística de un espectáculo musical que fascine al público.

Veo, pienso, me pregunto... Después, comparto.

1 Cómo es posible que la música sea la esencia misma de una obra teatral.

2 Cuáles son los espectáculos musicales que hoy día siguen atrayendo al público.

3 Qué elementos forman parte de un musical: vestuario, maquillaje, luces, ...

4 Qué es la coreografía y cómo se escribe.

1 La música sobre el escenario

1.1 La tradición escénica española

La gran tradición teatral española facilitó la introducción de la música escénica. Durante el **siglo XVII**, se produjo el gran desarrollo del teatro español dentro del período conocido como el **Siglo de Oro** de las letras. Por entonces, en las representaciones teatrales se empezó a incluir música en el intermedio de las escenas y al final de las obras como simple entretenimiento.

En este ambiente propicio, **los compositores** de la época **se unieron a dramaturgos** como Lope de Vega o Calderón haciendo surgir un teatro musical de características propias que tenía poco que ver con la ópera.

Por otra parte, la ópera en España no fue tan popular como en Italia. Una de las razones fue que la gran tradición escénica española era, fundamentalmente, teatral. Los actores, en general, estaban capacitados para cantar las breves composiciones de una comedia de Lope de Vega, Tirso de Molina, Calderón de la Barca, etc.

Lo que sí tuvo mayor aceptación fue la fórmula mixta que aunaba teatro y música y que se materializó en un nuevo género, la zarzuela, en el que se mezclaban diálogos, canciones, música.

La **zarzuela** es un género basado en una obra de teatro en el que se alternan escenas habladas con otras cantadas. En ellas se refleja la cultura española, sus costumbres y tradiciones.

La **diferencia** más clara entre la **zarzuela y la ópera** es que esta es completamente cantada, mientras que en la zarzuela hay partes habladas (diálogos) y partes cantadas.

Dramaturgos y música escénica

La selva sin amor (1629), cuya música se ha perdido, tuvo como autor del libreto a Lope de Vega.

El escritor hizo comentarios referidos a la novedad que suponía ser una *representación cantada* y a que los músicos *tocaban sin ser vistos*.

Representación de la obra teatral del Siglo de Oro *Casa con dos puertas mala es de guardar* (1629), de Calderón de la Barca.

Investiga

Busca en la Red información sobre los corrales de comedias, tan habituales en los siglos XVI y XVII para las representaciones teatrales en España. Un buen ejemplo que aún hoy se conserva tal y como era en el siglo XVII es el Corral de las Comedias de Almagro (Ciudad Real). En 1954 fue declarado Monumento Histórico Artístico Nacional.

1.2 El origen de la zarzuela

Las **primeras zarzuelas** datan de mediados del **siglo XVII.** El término «zarzuela» está relacionado con el nombre de un pabellón real de caza, cercano a Madrid, denominado «La Zarzuela», por ser un lugar donde había abundancia de zarzas.

El rey Felipe IV, en las veladas que tenían lugar en el palacio de La Zarzuela, propició la organización de **representaciones festivas** de pequeñas piezas de **música y teatro.**

Su popularidad fue creciendo hasta llegar a lo que hoy día se conoce como **zarzuela,** un género español que pronto se extendió por toda Hispanoamérica.

En el Barroco, los reyes apadrinan todas las artes y, en la corte, la música se convierte en protagonista de las grandes celebraciones.

Así pues, se puede decir que la zarzuela nació como un género cortesano, siendo sus primeros autores los grandes genios del teatro de entonces: Calderón de la Barca y Lope de Vega.

La zarzuela tuvo su **auge a finales del siglo XVII**. La temática de las primeras zarzuelas era mitológica, como solía ser en la ópera pero con el tiempo cambió hacia temáticas más populares y costumbristas.

Sebastián Durón y **José Nebra** fueron dos de los principales compositores del nuevo género escénico.

La decadencia del nuevo género

A partir del siglo XVIII la zarzuela tuvo un momento de **decadencia** debido al empuje de la ópera italiana, extendida por la llegada de compañías extranjeras de la mano de la nueva dinastía reinante en España, los Borbones, que se inclinaban más hacia los estilos italianos. La ópera italiana entra con fuerza en España en detrimento de la zarzuela.

Aún así, se siguieron componiendo zarzuelas, muchas de ellas con textos del escritor **Ramón de la Cruz,** como por ejemplo, *Las segadoras de Vallecas*, de Rodríguez de Hita, o *Los jardines de Aranjuez*, de Pau Esteve.

A finales del siglo XVIII la zarzuela está **a punto de desaparecer** sustituida, entre otras, por la tonadilla.

La **tonadilla** es un tipo de obra teatral cantada, con melodías populares basadas en el folclore español.

En el siglo XVII eran muy breves y se representaban en los intermedios de las comedias. A finales del siglo XVIII ya eran obras independientes.

El resurgir de la zarzuela

Finalmente, con la llegada del **Romanticismo,** el nacionalismo musical español **hizo resurgir** la zarzuela a mediados del **siglo XIX.**

Estas zarzuelas, influenciadas por el folclore local, eran protagonizadas por gente de la calle que habla el lenguaje popular.

Entre los músicos más destacados se encuentra **Francisco Barbieri.** Sus obras están basadas en los ritmos y melodías del folclore del país. *El barberillo de Lavapiés* (1874) es su obra maestra.

1.3 El esplendor de la zarzuela

La época dorada de la zarzuela tuvo lugar en la **segunda mitad del siglo xix.** A pesar del intento de algunos compositores por escribir y ofrecer óperas en español, enseguida se vio que el género realmente atractivo para el público era la zarzuela, por lo que fue recuperada para el género lírico.

Fue a lo largo del siglo xix cuando **se asentaron las características** de la zarzuela tal como la conocemos hoy y que la distinguen de otros géneros escénicos musicales son las que siguen:

Características de la zarzuela:

- Alternancia entre pasajes musicales y pasajes hablados.
- Temas populares, con abundantes pasajes humorísticos, generalmente relacionados con el ambiente rural o bien con ambientes «castizos» urbanos.
- El personaje principal masculino suele ser un barítono. Existe también la figura del tenor cómico, con un timbre característico y propio del género.
- Tratamiento de las voces similar al de la ópera, pero con menos exigencias técnicas para poder centrarse en los aspectos expresivos.

El éxito de la zarzuela vino dado por varios factores, entre ellos, la sencillez y la cercanía de las obras al público a quien iba dirigido, su **corta duración** y una **temática popular** con la que ese público se sentía mucho más identificado.

Por ejemplo, el ambiente madrileño de la verbena fue un tema recurrente en las zarzuelas del siglo xix. Se toma el estreno de *Colegialas y soldados*, de **Cristóbal Oudrid** y **Rafael Hernando,** en 1849, como el punto de arranque de la zarzuela moderna.

Escucha y reflexiona

«Seguidillas» de *El chaleco blanco*, zarzuela de Federico Chueca, interpretadas por un coro femenino.

Las verbenas son fiestas populares que se celebran por la noche, generalmente en la víspera de un día festivo. Las gentes del pueblo se unen, cantan, bailan y se divierten. Las verbenas se celebran en todos los rincones del país y lo que en ellas ocurre inspiró el argumento de grandes obras de zarzuela.

1.4 Subgéneros de la zarzuela

La zarzuela moderna, la recuperada a partir del siglo XIX, se clasifica en dos subgéneros: la zarzuela grande y el género chico. La principal diferencia es el tiempo de duración y el número de actos.

La zarzuela grande

La **zarzuela grande** nació en torno a 1850 y sus **características** son:

- Está dividida en varios actos, como una ópera, con intermedios orquestales, movimiento de coros y amplio despliegue instrumental.
- Gran importancia del coro.
- Incorpora temas de carácter histórico.

El principal representante de la zarzuela grande es **Francisco Barbieri.** Sus obras incluyen danzas y bailes populares y abundancia de temas cómicos y madrileños. Sus zarzuelas más famosas son *Jugar con fuego, Los diamantes de la corona, Pan y toros* y *El barberillo de Lavapiés*.

El género chico

El **género chico** surge a finales del siglo XIX en un momento en que la zarzuela entra de nuevo en crisis. Sus principales **características** son:

- Cuenta con un solo acto, con tema siempre popular y medios más limitados.
- Menor presencia del coro.
- Incorpora ritmos, armonías y danzas propias de la tradición española.

Los compositores más destacados del género chico a finales del siglo XIX son:

- **Ruperto Chapí**, autor de *La tempestad* y *La revoltosa*;
- **Federico Chueca**, autor de *La Gran Vía* y *Agua, azucarillos y aguardiente*;
- **Tomás Bretón**, autor de *La verbena de la Paloma*;
- **Manuel Fernández Caballero**, con *El dúo de la africana* y *Gigantes y cabezudos*.

Zarzuelas de siglo XX

- María Rodrigo: *Becqueriana* (1915).
- Amadeo Vives: *Doña Francisquita* (1923).
- José Serrano: *La canción del olvido* (1916).
- Federico Moreno Torroba: *Luisa Fernanda* (1923).
- Jacinto Guerrero: *La rosa del azafrán* (1930).

Investiga

Visiona en la página web de rtve.es, el documental sobre Ruperto Chapí en el programa de *Imprescindibles*, titulado *Chapí*, la esencia de la zarzuela.

Comprende, piensa, aplica...

1 Relaciona la tradición teatral española con el origen de la zarzuela.

2 Define el término *zarzuela* y explica la diferencia con la ópera.

3 Explica a qué se debió la decadencia de la zarzuela durante el siglo XVIII, qué rey gobernaba, cuáles eran sus preferencias musicales, qué conocimientos de la lengua y de la cultura española tenían, etc.

4 Explica las semejanzas y las diferencias entre los dos tipos de zarzuela que surgen a partir del siglo XIX.

5 Cita varios autores de zarzuelas modernas y alguna de sus obras.

6 En pequeño grupo, investiga para responder: ¿El público demanda obras de zarzuela o prefiere la elegancia de la ópera? ¿La zarzuela es un género retirado de los teatros?

1.5 El musical

El musical es otro género de música escénica que **surgió** a principios del **siglo XX en Estados Unidos.** Tiene similitudes con la zarzuela y con la comedia musical en cuanto a que integra, dentro de un mismo espectáculo, diálogos hablados, canciones, coros y números de baile.

El **musical** es un **género de teatro** en el que la trama se desarrolla incorporando partes bailadas y cantadas.

La **estructura** del musical sigue un hilo argumental completo contado mediante números musicales combinados con bailes.

La **música** es música popular urbana, como el blues o el jazz, alejada de la tradición clásica.

La obra *The Black Crook* es considerada como el **primer musical.** Fue estrenada en Nueva York en **1866** y, a pesar de que su larga duración (cinco horas y media) sobrepasaba lo que venía siendo habitual en otras representaciones teatrales, se granjeó el entusiasmo del público. Tuvo tanto éxito que se representó durante más de un año de manera ininterrumpida.

Desde sus orígenes, los escenarios más emblemáticos en los que se representan los musicales son los teatros de la avenida Broadway, en Nueva York, y los de West End, en Londres. Ambos son lugares de referencia a nivel mundial.

En los últimos tiempos se ha producido un resurgimiento del musical. La adaptación a otros idiomas de los musicales más importantes ha hecho posible su salida del ámbito anglosajón original y su difusión a otros países.

La revista

Se trata de un género de teatro musical que combina, en un mismo espectáculo, bailes, canciones, diálogos, variedades...; en muchos casos, sin seguir un hilo conductor argumental.

La revista suele tener como principales protagonistas a las *vedettes*, bailarinas con dotes de cantante y actriz.

Investiga

La avenida Broadway en su confluencia con Times Square, es donde se concentra el mayor número de teatros de Nueva York en los que se representan musicales. La zona reúne una de las mayores ofertas culturales y de ocio del mundo.

Investiga cuáles son los musicales que más éxito han tenido en los teatros de Broadway.

La época dorada

Desde la aparición del primer musical, este género ha evolucionado pasando por diferentes etapas en las que su estructura y sus elementos se han ido modificando.

La **época dorada** del musical se extiende desde los años cuarenta a los sesenta del siglo XX. El musical *Oklahoma!* (1943), de **Richard Rodgers,** marca el comienzo de esta etapa de esplendor.

En la década de 1950, el compositor y director de orquesta **Leonard Bernstein** compuso *West Side Story* (1957), uno de los mejores musicales de todos los tiempos, debido tanto a la calidad de la música como a la del argumento.

Las últimas décadas

En las últimas décadas, el musical se ha convertido en un gran espectáculo en el que los efectos visuales y la escenografía tienen un papel fundamental, incluso por encima de la música.

Uno de los compositores más importantes desde los años setenta del siglo XX es **Andrew Lloyd Webber.** Sus obras han sido muy célebres y se han adaptado a multitud de idiomas para ser representadas por todo el mundo. Entre ellas destacan *Jesucristo Superstar* (1971), *Evita* (1976), *Cats* (1981) y *El fantasma de la ópera* (1986).

El cine y el musical

Desde la aparición del cine sonoro, la relación entre el musical y el cine ha sido prácticamente continua. Muchos musicales se han adaptado a la gran pantalla como *West Side Story* (1961), *Grease* (1978), *El rey León* (1997), *Chicago* (2002), *El fantasma de la ópera* (2004), entre otros.

Hoy día también puedes encontrar en cartelera magníficos musicales basados en películas de cine.

Escucha, comprueba, reflexiona...

Fragmento del musical *Funny Girl*, de Jule Styne.

1. ¿Cuántos temas melódicos distintos escuchas en este fragmento?
2. Describe la instrumentación y la sonoridad de la orquesta. ¿Qué ambiente te recuerda? ¿Qué época?
3. En pequeño grupo, investiga sobre este musical y escribe una breve reseña con el argumento y aquellas cuestiones que consideres interesantes.

Investiga

Visiona en la Red el fragmento de la película basada en el musical *West Side Story,* en la que cantan la canción *América.*

Investiga el argumento del musical y explica el significado de la canción.

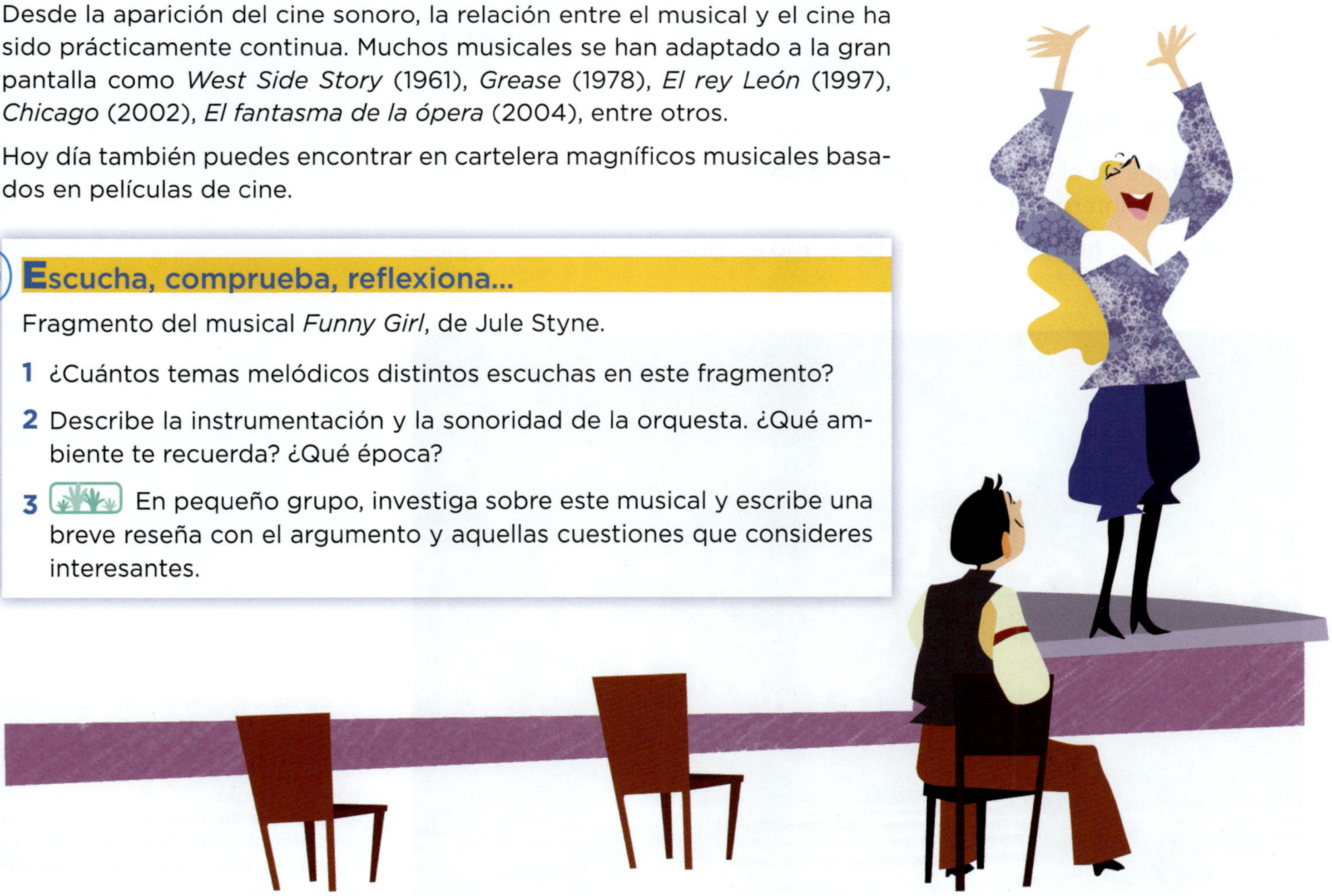

1.6 El ballet y la danza

El **ballet** es una representación teatral basada en la música y en la danza, que nació en la Italia renacentista (siglos XV y XVI) y que se desarrolló en la corte francesa a lo largo del siglo XVI. En el XVII, cuando alcanza su apogeo, se fijaron las cinco posiciones básicas de pies para el ballet.

En su origen, el ballet consistía en una sucesión de danzas cortesanas, algunas de ellas inspiradas en aires populares, que ilustraban una pantomima con coros y recitados. Después, pasó a formar parte de otros espectáculos, como la ópera.

En 1827, **Marie Taglioni** bailó por primera vez sobre las puntas de sus pies, dando origen así a un nuevo concepto de la **danza clásica.** La influencia de este estilo se extendió a otros países, especialmente a Rusia, donde se crearon algunas de las compañías de danza más famosas del mundo.

Los llamados *Ballets Rusos* debutaron en París en 1909 y alcanzaron un gran éxito. Su primer bailarín, **Vaslav Nijinski**, fue muy admirado y protagonizó algunos de los mejores ballets del siglo XX. Entre estos, alcanzaron un gran éxito los creados para obras de Stravinsky (*El pájaro de fuego* o *Petrushka*) y Manuel de Falla (*El sombrero de tres picos*).

Actualmente, el término *ballet* se suele aplicar a la danza cuya estética y técnica es anterior al siglo XX. Hoy día se prefiere el término *danza* para referirse a las manifestaciones más modernas.

La **danza contemporánea** se caracteriza por sustituir el virtuosismo técnico de etapas anteriores por un estilo más libre. Los bailarines ejecutan movimientos con todo su cuerpo, dando más importancia a la expresión de una idea o sentimiento que al purismo técnico.

La coreografía

La **coreografía** es el arte de la danza. Se basa en un conjunto de pasos y figuras que se interpretan sincronizados con la música.

El coreógrafo es quien compone el baile. Y lo escribe utilizando un lenguaje propio.

La danza contemporánea se contrapone a las formas clásicas del ballet, más rígidas. Pretende una mayor libertad de movimientos en la expresión del cuerpo.
Al igual que en otras artes, en el siglo XX se produjo en la música y en la danza una explosión artística de creatividad e innovación.

Investiga

Visiona en la Red el ballet *La consagración de la primavera*, de Igor Stravinsky.

Este ballet fue muy controvertido debido a la temática transgresora y al empleo de una música nada convencional y radicalmente diferente de cuanto se había escuchado hasta entonces.

1.7 La opereta

La opereta es una ópera breve y de tema generalmente cómico orientada al entretenimiento. Se la suele denominar, en muchas ocasiones, ópera ligera. Alterna pasajes hablados con otros cantados, pero con características diferentes a la zarzuela, que es anterior y propiamente española, y a la comedia musical.

La **opereta** es un género musical derivado de la ópera de temática cómica, que incorpora pasajes hablados y cantados.

La opereta nació a mediados del siglo XIX en París de la mano del compositor **Jacques Offenbach,** con la obra *La belle Hélène* (1864). Este género surgió no solo como una reacción contra la gran ópera seria francesa, sino también para sacar adelante espectáculos más baratos tras las dificultades económicas que siguieron a la guerra franco-prusiana.

La influencia de Offenbach se extendió rápidamente fuera de Francia. En Viena, **Johann Strauss** compuso *El murciélago*, hoy considerado prototipo de opereta vienesa.

Investiga

Busca información en la Red para explicar cuáles son los principales diferencias entre la opereta francesa y la vienesa.

Toulouse Lautrec reflejó en sus cuadros el ambiente de los cabarés y teatros parisinos. En la imagen, *Marcelle Lender bailando un bolero* (1895-97).

Comprende, piensa, aplica...

1 Explica en qué consiste un musical y cuáles son sus características.

2 Nombra a un compositor de musical de los últimos años y cita algunas de sus obras.

3 Haz un listado de los musicales más destacados según cada década del siglo XX.

4 Explica en qué consistía el ballet en sus comienzos.

5 Investiga y explica qué diferencia un ballet, una danza contemporánea y un baile.

6 ¿Qué es una opereta? ¿Quién la creó?

7 Investiga en tu comunidad qué espectáculo musical hay en cartelera.

2 Escucha una zarzuela

2.1 Qué vas a escuchar

El tambor de granaderos es una zarzuela en un acto estrenada el 16 de noviembre de 1894, en el teatro Eslava, de Madrid, con gran éxito. Emilio Sánchez Pastor escribió el libreto y Ruperto Chapí compuso la música.

La acción se desarrolla en Madrid al final de la guerra de la Independencia. Una historia de amor entre un soldado, Gaspar, y una muchacha llamada Luz sirve como acción principal. El tío de Luz, el Consejero don Pedro, se opone a esta unión y decide llevar a su sobrina a un convento al tiempo que recomienda a Gaspar para ser nombrado tambor de granaderos y así alejarlo con un nuevo destino.

El autor de la música, **Ruperto Chapí y Llorente,** nació en Villena (Alicante) en 1851 y murió en Madrid en 1909. Fue el primer músico español que consiguió el prestigioso Premio de Roma, que daba derecho a estudiar, con una beca, en la capital italiana. Otras zarzuelas de Chapí son *El rey que rabió* (1881) y *La revoltosa* (1897).

Portada del libreto de *El tambor de granaderos*.

2.2 Estructura de la zarzuela

Una zarzuela se suele articular en partes igual que una ópera: preludio u obertura orquestal, sucesión de números cantados, interludios orquestales, números con coros, dúos, tríos, etc.

La particularidad de la zarzuela es que no tiene recitativos, como la ópera, y las arias se suelen llamar *romanzas* o se nombran según la denominación de la música popular que se utilice en la obra.

El puñao de rosas es otra zarzuela de Chapí, del género chico, que transcurre en Andalucía, en la sierra cordobesa, por lo que se constituye como una zarzuela de costumbres andaluzas. Se estrenó en Madrid, en 1902.

Escucha, comprueba, reflexiona...

Preludio de la zarzuela *El tambor de granaderos*, de Ruperto Chapí.

El preludio es la pieza instrumental con la que comienza un acto en una ópera o zarzuela. En *El tambor de granaderos* solo hay un preludio para el único acto de la acción.

Es común que el preludio recoja algunos de los temas que van a aparecer a lo largo de la acción musical. En este caso, el preludio se construye con tres temas:

a 

b 

c 

1 Escucha la audición y trata de identificar cada uno de los temas. Relaciónalos con su partitura según el orden en que se escuchan; utiliza las letras A, B o C para cada uno de ellos.

2 Copia en tu cuaderno y completa los recuadros libres del siguiente musicograma con las letras de cada tema.

0:00	0:07	0:47	1:10	1:47	2:17	2:32	3:12	3:43	3:54
I	A	P			P			B	P

3 El tema B suena dos veces seguidas en diferente tonalidad, fa mayor y re mayor. ¿Qué armadura tendría en cada ocasión?

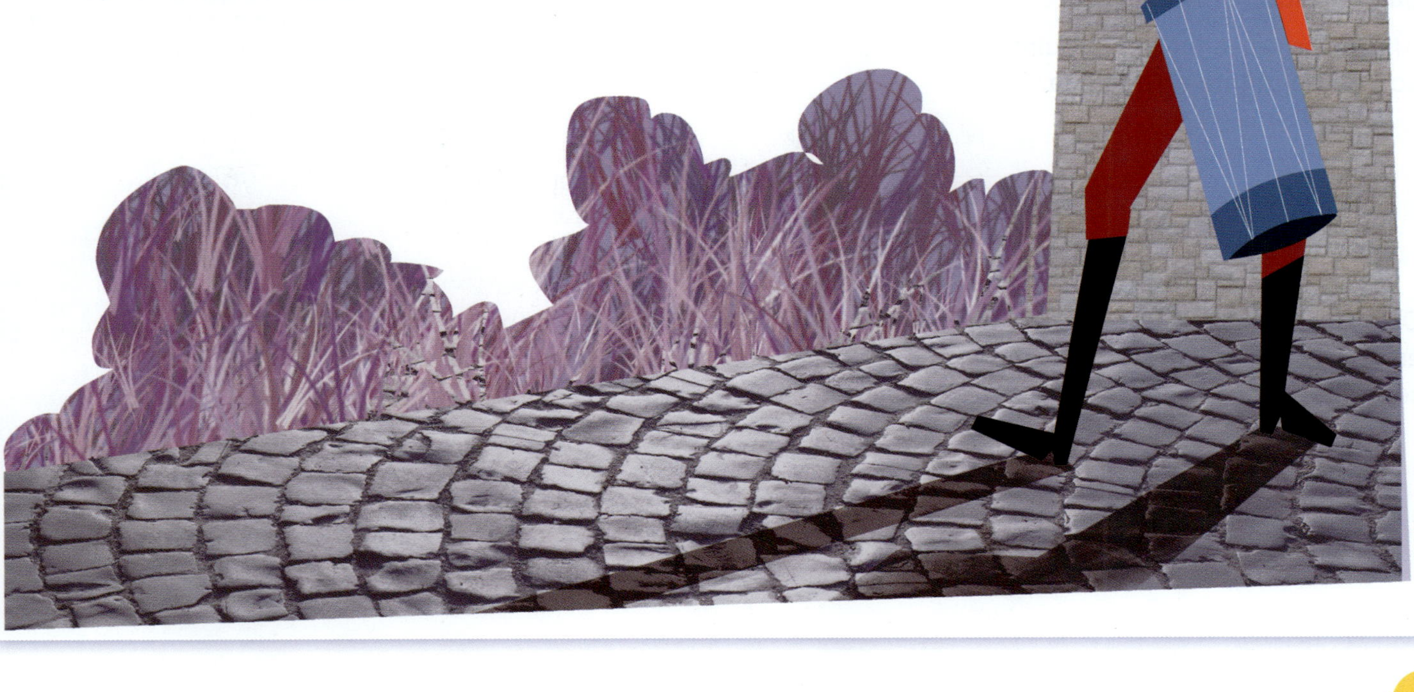

Taller de interpretación

Interpreta *Over the Raibow*

La canción fue compuesta para la película *El mago de Oz* (1939). Cantada por Judy Garland a los 16 años, recibió el Oscar a la mejor canción original. Hoy día es considerada una de las mejores canciones del cine y ha sido versionada por innumerables cantantes de diferentes estilos musicales.

Prepara la melodía

Hay determinados **intervalos melódicos** que son algo más difíciles de entonar que otros. En general, los intervalos más abiertos requieren un poco más de cuidado. En la canción que vas a interpretar puedes encontrar algunos de estos intervalos; en concreto, de **octavas** y de **sextas.**

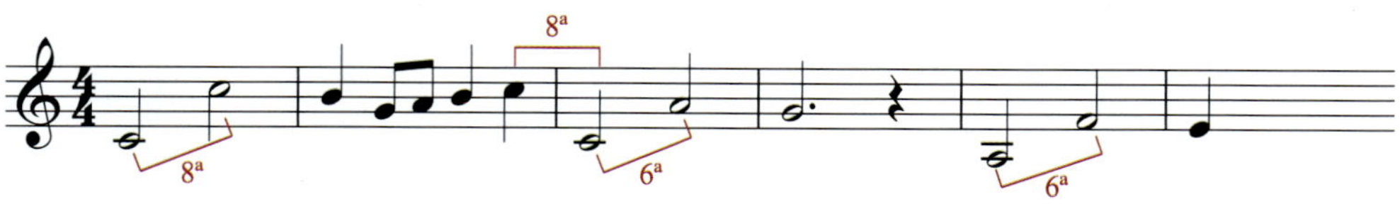

Intenta entonar un intervalo de octava partiendo de cada una de las siguientes notas escuchando la primera de ellas. Acuérdate del comienzo de la canción *Over the Rainbow*.

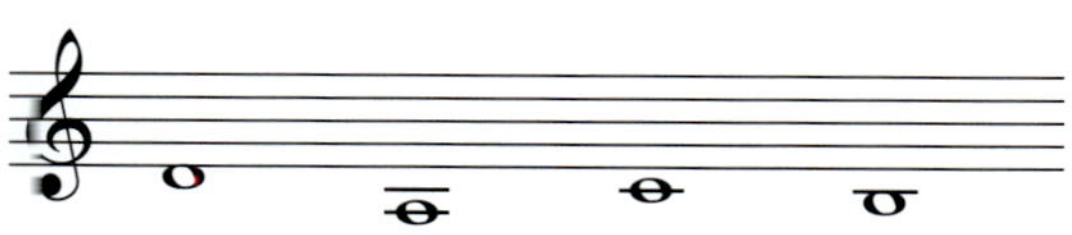

Investiga

Busca en la Red una lista de cantantes que hayan versionado esta canción. Escucha alguna de ellas.

Prepara la armonía

En *Over the Rainbow* aparecen algunos **acordes nuevos.** Son aquellos en los que se modifica la quinta nota del acorde, que hasta ahora era una **quinta justa** (formada por tres tonos y un semitono).

Al rebajar un semitono la quinta justa en un acorde menor, obtenemos un acorde de **quinta disminuida.**

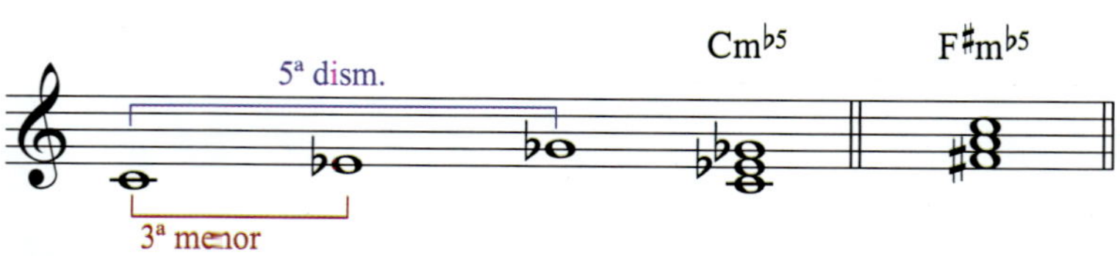

Otro acorde que aparece en la canción es el **acorde de novena.** Consiste en añadir un intervalo de novena al acorde existente, normalmente uno de séptima. Se obtiene, así, un acorde de cinco notas.

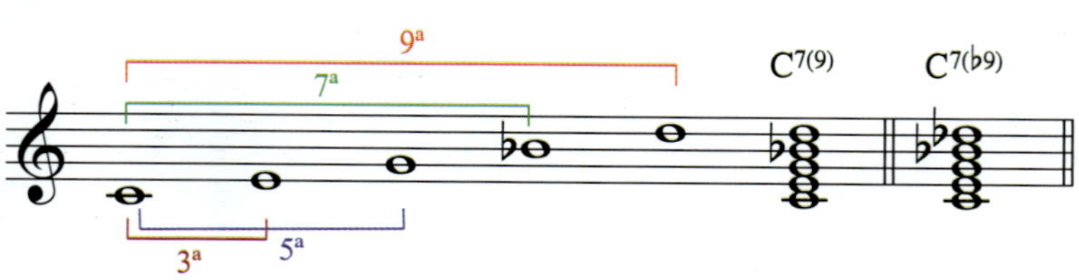

El círculo de quintas

El círculo de quintas se denomina así porque sus notas están separadas unas de otras por un intervalo de quinta.

6

Over The Rainbow

M. Arlen y E. Y. Harburg

I A A B A' B Coda

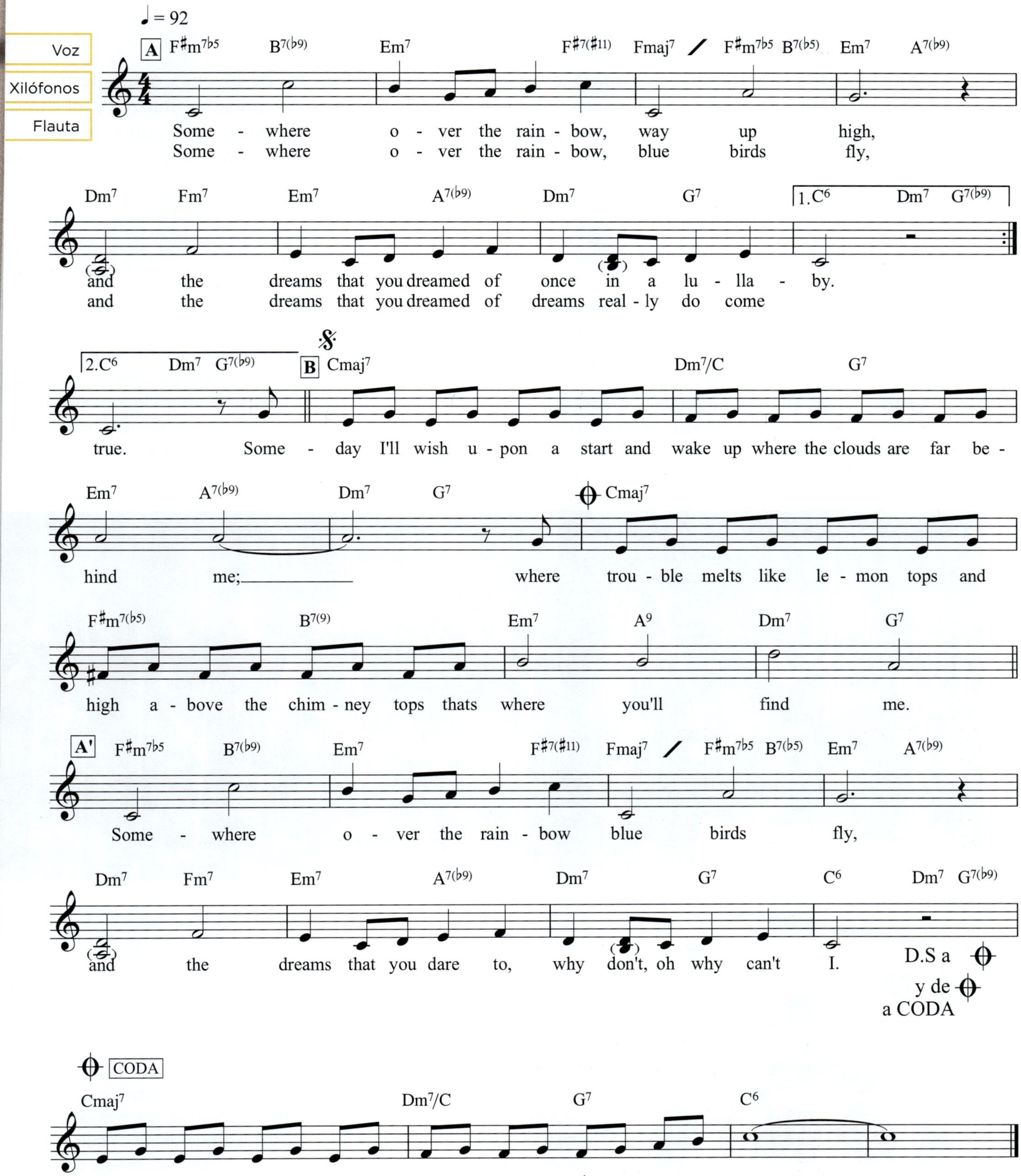

El muro musical

El arte de crear un espectáculo musical con cualquier cosa

Al principio de los años noventa, aparece en los escenarios un grupo de jóvenes que, además de excelentes percusionistas, son bailarines y actores. Sin decir ni una sola palabra, utilizando el ritmo que puede generar tanto su propio cuerpo como diversos objetos cotidianos, crean un espectáculo trepidante de percusiones, movimiento y de situaciones cómicas en el que, incluso, hacen participar al público.

Cubos de basura, cepillos de barrer, mecheros, botas, bombonas de plástico, cubos de latón, balones, cacharros de cocina, fregaderos o tubos pasan a convertirse en instrumentos musicales.

Con un derroche de energía inagotable contagian a un público que no se limita a aplaudir al final, como en otros espectáculos, sino que consiguen generar una verdadera explosión de entusiasmo de principio a fin.

Es admirable la perfecta sincronización del conjunto instrumental que son capaces de formar con los más insospechados «instrumentos», en una interpretación colectiva de ritmos tan variados. Lo sorprendente de este espectáculo es que, sin contar ninguna historia, sean suficientes la música, el movimiento y el humor del lenguaje corporal para atraer la atención del espectador.

Un gran número de seguidores se han contagiado de esta experiencia artística en la que se desarrollan aspectos tan formativos como la música y el movimiento, la actividad física, la atención, el cálculo, la percepción del espacio escénico y las habilidades sociales y de comunicación.

Cualquiera que se anime puede intentarlo.

Trabaja con lo aprendido

Comprueba

1 Investiga y escribe los títulos y sus compositores de destacadas zarzuelas originarias de diferentes comunidades españolas.

2 Indica cuáles son los escenarios más emblemáticos para la representación de los musicales.

3 ¿Dónde surgió la opereta y en qué consistía?

4 ¿Para qué se utiliza el preludio en una ópera o en una zarzuela?

5 Escribe un breve resumen del argumento de la zarzuela *El tambor de granaderos,* de Ruperto Chapí.

Practica

6 Escribe los intervalos que se indican desde cada una de las notas siguientes. Realízalo en tu cuaderno de pentagramas.

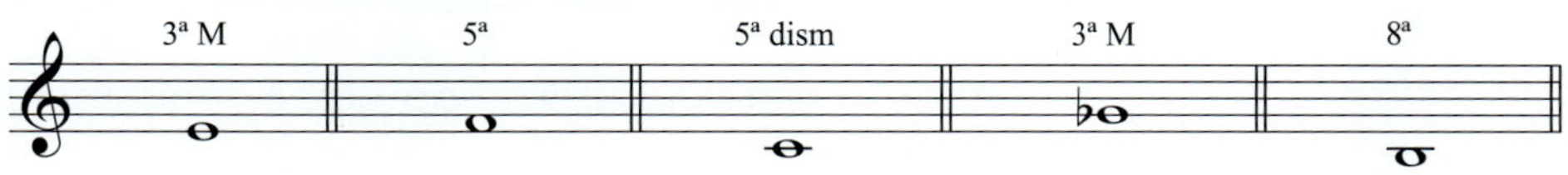

7 Escribe en tu cuaderno de pentagramas las notas de los acordes de quinta disminuida sobre las siguientes notas fundamentales.

8 Escribe en tu cuaderno de pentagramas los acordes que indican los cifrados.

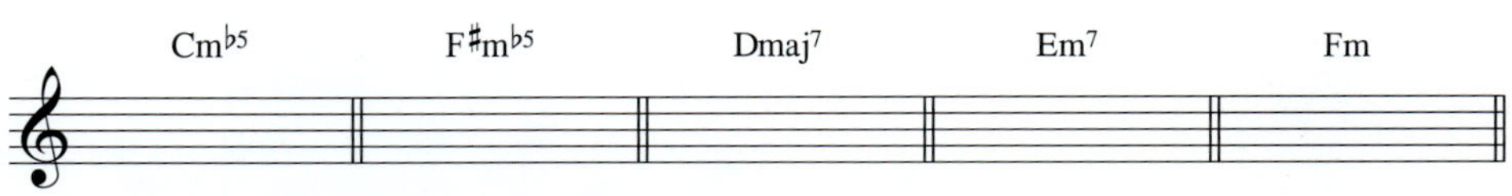

Investiga

9 Ruperto Chapí, de quien has estudiado una audición en esta unidad, fue un personaje muy importante en la vida musical española de su época. Busca información sobre él y trata de averiguar de qué forma trabajó para mejorar los derechos de autor de los compositores.

10 Entra en la página web de Ballet Nacional de España y selecciona una obra coreográfica que se vaya a desarrollar próximamente. Redacta un breve texto explicando las características, el argumento y nombra a los artistas que la interpretan.

Una tabla de acordes

En esta unidad has aprendido algunos intervalos y acordes nuevos con sus cifrados. Tratar con todos puede parecer algo complicado; sin embargo, una vez aprendidos todo resulta muy lógico y natural. Lo importante es conocerlos y diferenciarlos claramente.

Para ayudarte a entender mejor los diferentes tipos de acordes, te proponemos elaborar una tabla con algunos de los más empleados.

A continuación, te presentamos los acordes con los que vas a trabajar en esta actividad:

- Tríada mayor.
- Tríada menor.
- Tríada disminuida (tercera menor y quinta disminuida).
- Tríada aumentada (tercera mayor y quinta aumentada).
- Cuatríada con tercera mayor y séptima mayor.
- Cuatríada con tercera mayor y séptima menor.
- Cuatríada con tercera menor y séptima mayor.
- Cuatríada con tercera menor y séptima menor.

Escribe los cifrados y sus notas

1 Utiliza papel pautado (con pentagramas) y escribe cada uno de los acordes. Toma do como nota fundamental. Revisa los acordes y sus cifrados asegurándote de que están correctamente escritos.

Completa el cuadro

2 Elabora, en formato grande, un cuadro similar al siguiente y rellena todos los huecos según lo que corresponda en cada casilla.

3 Repite el ejercicio utilizando como fundamental otras notas.

	Con 5.ª justa	Con 5.ª disminuida	Con 5.ª aumentada	Con 5.ª justa y 7.ª menor	Con 5.ª justa y 7.ª mayor
Con 3.ª mayor					
Con 3.ª menor					

7

La renovación popular urbana

Los profundos cambios producidos a lo largo del siglo xx han provocado una auténtica renovación en los ámbitos social, científico, tecnológico y, también, en el musical.

La música popular urbana ha propiciado esa renovación en cuanto a que ha sido uno de los fenómenos culturales que más trascendencia ha tenido desde el siglo xx.

Veo, pienso, me pregunto... Después, comparto.

1 Dónde se inician los nuevos estilos de música moderna.

2 Cómo la fusión musical genera nuevos estilos.

3 Qué movimientos sociales y culturales comparten gustos musicales.

4 Qué estilo musical destaca actualmente.

1 Los estilos de la música moderna

1.1 La fusión musical del siglo XX

A finales del siglo XIX, **Estados Unidos** comenzaba a ser una de las grandes potencias industriales del mundo. La esclavitud había sido abolida en 1865. La comunidad **afroamericana** se integró en la sociedad junto a los miles de inmigrantes **europeos** que llegaban cada año aportando cada uno de ellos sus tradiciones y su música.

La **fusión** que se produce entre la música de los esclavos negros y la de los inmigrantes europeos supuso el inicio de la revolución musical del siglo XX.

El banjo es uno de los instrumentos característicos del folk que surgió en el sur de EE.UU.

Música folk negra y música folk blanca

Gran parte de la **población negra** trabajaba en las plantaciones de algodón del delta del Misisipí, en el **sur de EE.UU.** Allí surgieron los **cantos de trabajo** que se entonaban para hacer más llevaderas las duras faenas. Estos cantos tenían como características un pulso musical muy marcado y un patrón de llamada-respuesta típico de la música africana.

Por otra parte, los **colonos británicos** que habitaban en la zona de los Montes Apalaches, en el **este de Estados Unidos,** entonaban cantos procedentes de sus lugares de origen, acompañados, generalmente, de violín y de guitarra. A esta música se la denominó **folk de los Apalaches**.

El blues primitivo

El blues surgió de las influencias procedentes de los cantos de trabajo y del folk blanco. Este **blues primitivo** se caracterizaba por ser un estilo de tono melancólico y composiciones muy simples, acompañadas de guitarra, que admitían la improvisación en sus letras.

Los cantos de trabajo eran entonados por los esclavos para sobrellevar la monotonía y la dureza de las faenas en los campos.

El jazz: De Nueva Orleans a Chicago

En Nueva Orleans, a principios del siglo XX**,** se desarrollaron las primeras manifestaciones musicales de **jazz,** inspiradas en las **marchas militares** europeas y en las polcas. En ellas, la melodía principal podía ser modificada a gusto del intérprete.

Las principales características del **estilo jazz** son:

- **Ritmo** marcado;
- Uso frecuente de **síncopas;**
- **Improvisación** instrumental;
- Gran **expresividad** del solista.

Este jazz primitivo evolucionó al estilo **dixieland,** tocado por pequeños grupos de solistas.

Hacia 1920, numerosos músicos de Nueva Orleans emigraron a Chicago, extendiendo el estilo jazz. El intérprete más importante fue el trompetista y cantante **Louis Armstrong** (1901-1971), denominado el **padre del jazz**.

El ragtime

Uno de los precedentes del jazz es el estilo **ragtime,** basado en la música europea, e interpretado generalmente al piano.

Fue definido como «música blanca tocada al estilo negro». Su ritmo sincopado le dio un aire alegre, bailable y desinhibido.

Escucha, comprueba, reflexiona...

Hot Seven, tema dixieland.

En el dixieland predominan los instrumentos de viento; especialmente, la trompeta, el clarinete y el trombón.

1 Escucha e indica si es verdadera o falsa la afirmación siguiente:

La corneta es el instrumento protagonista de la audición. El clarinete suele interpretar las contestaciones y los diálogos. El trombón añade los graves, y la guitarra, el bajo o el piano realizan el relleno armónico.

2 ¿Reconoces los fragmentos en los que un instrumentista improvisa? ¿Se repite algún tema melódico?

Investiga

Visiona en la Red la interpretación de Billie Holiday de la canción *Strange Fruit* (1939).

El tema que trata, los linchamientos racistas, sorprendieron al público. Se puede considerar como la primera gran canción protesta.

La race music

En la **década de 1920,** se comenzaron a grabar discos interpretados por cantantes afroamericanos, que respondían a un nuevo estilo llamado race music (música de raza).

El estilo **race music** estaba dirigido específicamente a la población de raza negra y comprendía diversos estilos afroamericanos, incluyendo blues, jazz y gospel.

A pesar de que la sociedad americana de aquellos años estaba dominada por el racismo esta música tuvo un éxito extraordinario. Billie Holiday o Ella Fitzgerald son dos de las grandes voces femeninas de este estilo.

Comprende, piensa, aplica...

1 Explica cómo surgió la fusión musical, entre quienes se produce dicha fusión cuyo resultado fue el blues primitivo.

2 En pequeño grupo, elaborad un diagrama que refleje la evolución musical en EE.UU. a finales del siglo XIX y principios del siglo XX.

1.2 Del country al blues de Chicago

Durante el **primer tercio del siglo** XX van a desarrollarse paralelamente dos nuevos estilos musicales con caracteres distintos en cuanto al ritmo, a la melodia y a la letra de las canciones: el **country,** propio de la población blanca, y el **blues,** representativo de la población negra.

El country

El **country** es la evolución de la música folk de la población blanca. Sus canciones tienen melodías y armonías sencillas y sus letras son narrativas: historias de trenes, de vaqueros, de mineros, de amores, etc. El country utiliza como principales instrumentos la guitarra, el bajo, el violín y el banjo.

Uno de los precursores de este estilo fue el cantante **Woody Guthrie** (1912-1967) que se erigió en la voz de la población blanca sin recursos. Fue de los primeros **cantantes-protesta,** y su estela fue seguida por **Pete Seeger** y **Joan Baez** en los años sesenta.

Otros cantantes representativos de música country son **Hank Williams, Johnny Cash, Bill Monroe, Dolly Parton,** etc.

El blues

El primitivo blues nacido a finales del siglo XIX, evolucionó en las grandes ciudades de manera diferente que en el medio rural, de donde procedía.

En el **medio urbano, el blues** adoptó la instrumentación eléctrica. Se crearon grupos con la batería, el bajo, el piano, la guitarra eléctrica, la armónica y, ocasionalmente, el saxo. Así se fue consolidando la formación estándar de blues. Estas bandas tocaban en clubs y locales nocturnos.

Cada ciudad o zona produjo un estilo diferente de blues, siendo el más importante **el blues de Chicago.** Este estilo se caracteriza por tener ritmos, armonías, líneas melódicas e improvisaciones muy complejas, y por ser una música en evolución constante. Su máximo exponente es **Muddy Waters** (1913-1983).

Investiga

Visiona en la Red la interpretación de Woody Guthrie de la canción *This Land Is Your Land* (1945), de la música folk estadounidense, universalmente conocida.

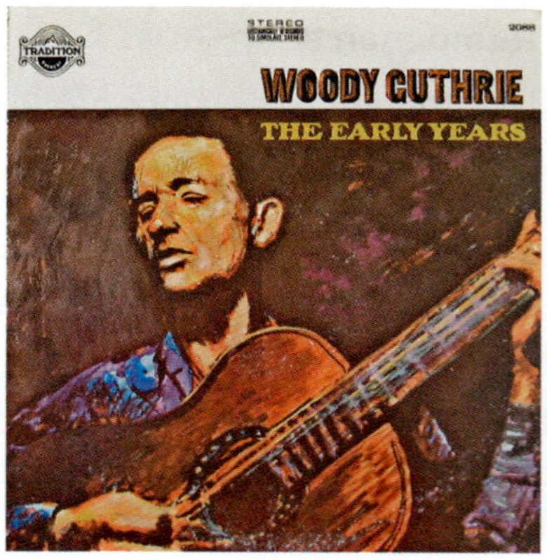

Woody Guthrie (1912-1967) reflejó en las letras de sus canciones las injusticias sociales de su tiempo.

Investiga

Visiona en la Red la interpretación de Muddy Waters de la conocida canción *Hoochie Coochie Man* (1954).

Fue una novedad en su tiempo el arreglo musical, especialmente los silencios o paradas que realiza.

Muddy Waters (1913-1983) desarrolló un estilo cercano al blues y al country. Ejerció gran influencia en músicos rock como los Rolling Stones o Jimi Hendrix.

1.3 La evolución del jazz

En los **años treinta** surgió el **swing.** Era un tipo de jazz bailable interpretado por las **big-bands,** grandes bandas formadas por entre diez y veinte miembros. Los instrumentos que predominaban eran el saxo, la trompeta, el trombón, el piano, el contrabajo, la batería y la guitarra.

Las improvisaciones libres, tan características del jazz original, no se podían realizar en el swing debido al gran número de instrumentistas que formaban las big-bands. Cada músico sabía qué tenía que interpretar. Así fue como surgió la figura del **arreglista,** encargado de organizar y escribir las partes que tenía que tocar cada intérprete.

Más adelante, **hacia 1940,** jóvenes músicos de jazz buscaron nuevas formas de expresión. Surgió un **nuevo y revolucionario estilo,** con formaciones más pequeñas, de cuatro a seis componentes: el **be-bop**. Es un tipo de **jazz más complejo,** caracterizado por tener tempos rápidos y complicados ritmos y armonías.

En los **años cincuenta** se desarrolló el **cool jazz,** estilo más «equilibrado» o «tranquilo». Uno de sus grandes representantes fue el trompetista **Miles Davis,** que también había participado en grabaciones de be-bop.

Al cool jazz le sucedió el **free jazz,** caracterizado por la **ruptura** con la forma, la tonalidad, el ritmo e incluso la afinación. Aunque los temas podían empezar y terminar con una melodía concreta, las improvisaciones eran mucho más libres. Los músicos se acercaron también a las músicas orientales, en búsqueda de inspiración y nuevas sonoridades.

A finales de los sesenta surgió el **jazz rock,** en el que se mezclaban las ricas armonías del jazz con la sonoridad del rock. Posteriormente, se denominaría **jazz fusion,** término que actualmente puede abarcar gran número de tendencias que mezclan diferentes estilos.

Escucha y reflexiona

Busca información sobre el origen de la palabra *Tuxedo* y su relación con el jazz y el swing.

Después escucha *Tuxedo Stomp*, tema swing interpretado por una big-band.

Miles Davis (1926-1991) fue uno de los grandes músicos de jazz. Sentó las bases de una nueva forma de interpretarlo que se denominó estilo cool jazz.

1.4 El nacimiento de los estilos jóvenes

Después de la Segunda Guerra Mundial, la música popular experimentó una expansión sin precedentes que provocó la aparición de **nuevos estilos** dirigidos fundamentalmente al público joven. Se trata del **nacimiento** de la música **pop-rock**.

Los precedentes: rhythm and blues, rock and roll y soul

El **rhythm and blues,** de tradición negra, es un tipo de **blues bailable,** con tempos rápidos. La música es interpretada por bandas más pequeñas que las big-bands, de unos seis miembros.

El **rock and roll** surge en 1954 a partir del lanzamiento de una versión de la canción *Rock around the clock*, un antiguo éxito de rhythm and blues, interpretado por **Bill Halley and his Comets** y se afianza con la publicación de *Johny B. Goode* y *Maybellene,* de **Chuck Berry.** Este nuevo estilo nace de la fusión del country blanco y del rhythm and blues negro. La gran estrella del rock and roll fue **Elvis Presley.**

A finales de los años cincuenta surge el **soul** como descendiente directo del rhythm and blues y del gospel (canto espiritual afroamericano). La interpretación vocal, apasionada y sentida, cobra gran importancia junto con el acompañamiento musical, muy elaborado.

La canción protesta

En los **años sesenta** se produjeron profundos cambios en la sociedad mundial. Fueron los años de la guerra fría, del muro de Berlín, de la guerra de Vietnam, de las revoluciones estudiantiles, del movimiento *hippie*...

Al comienzos de la década, diversos cantantes, partiendo de la tradición folk norteamericana, abanderaron el **pacifismo** y la lucha contra las injusticias sociales a través de sus canciones. Uno de ellos era **Bob Dylan** (1941). Es una figura trascendental de la música popular. Su particular manera de cantar y sus textos (unas veces comprometidos, otras poéticos) influyeron decisivamente en la evolución de la música pop.

Escucha y reflexiona

What I'd say, de Ray Charles. La canción marca el inicio del nuevo estilo soul.

El rock and roll fue un estilo comercial que hizo furor entre los jóvenes.

Investiga

Visiona en la Red la interpretación de Bob Dylan de la canción *Blowing In the Wind* que realizó en marzo de 1963 (Live On TV).

En la década de los años 60, Bob Dylan y Joan Báez se convirtieron en unas figuras esenciales como cantautores folk, cuyas letras contenían una protesta social.

1.5 La música en el Reino Unido

Toda la música que se había gestado en Estados Unidos durante la década de los cincuenta llega a Europa **en los años sesenta** y, más concretamente, al **Reino Unido.** Allí se vivirá una gran efervescencia musical sin precedentes, debido al interés de los jóvenes músicos por los nuevos estilos norteamericanos.

En el **Reino Unido,** por influencia de la música procedente de Estados Unidos, surgieron varios estilos propios: el **beat** y el **rhythm and blues británico** y el **rock.**

El rhythm and blues británico

Una serie de músicos británicos reivindican un estilo inspirado directamente en el **blues** en su estado **más puro.** Así surgió el **rhythm and blues británico,** encabezado por grupos como **The Yardbyrds** o **The Rolling Stones.** Su música se caracteriza por un sonido denso, muy cercano a la música negra.

El beat

En **Liverpool** surge el **beat,** estilo caracterizado por unas composiciones de pulsos fuertemente remarcados. El grupo **The Beatles** sería su máximo exponente. Su estilo evolucionó desde el rock and roll y el pop de sus primeros discos (de carácter brillante y alegre) hasta la imaginación y profundidad de sus últimos trabajos.

El rock

El **rock** procede directamente del rhythm and blues británico; con poderosos acordes de guitarra y mayor presencia de la batería y del bajo, que acompañaban a un **cantante,** por lo general, **carismático.**

A finales de los **sesenta, el rock se consolida** y sale de las fronteras británicas. En estos años surgieron varias de las figuras y de los grupos más importantes del rock: **Eric Clapton, Jimi Hendrix, Janis Joplin, Frank Zappa, Led Zeppelin, The Who, Pink Floyd, AC/DC...**

The Who es considerada una de las bandas más reconocidas en el mundo del rock.
Un clásico en sus conciertos en directo era la destrucción de instrumentos, que ya quedó como un ritual para muchos músicos de rock.

Investiga

Visiona en la Red vídeos de las siguientes canciones. Busca hasta encontrar la versión original más antigua.

- *Satisfaction*, de The Rolling Stones (1965).
- *Strawberry fields*, de The Beatles (1967).

Portadas de los LP *Out of Our Heads*, de The Rollings Stones y *Sgt Peppers*, de The Beatles.

1.6 La música desde los setenta

A finales de la **década de 1970,** los gustos musicales se diversificaron. Dejó de existir un estilo predominante y se dio paso a un **amplio abanico de tendencias.**

El reggae

Es una **música totalmente nueva,** que no tiene nada que ver con el rock. Llegó a Inglaterra, procedente de **Jamaica,** de la mano de **Bob Marley.** El ritmo de la música reggae es lento, bailable y contagioso y sus letras tienen un gran contenido social.

El punk

Hacia **1975 nació en Inglaterra** el punk, considerado mitad estilo musical, mitad fenómeno social. Enérgico y rebelde, buscaba la provocación en contraposición a la grandiosidad que entonces envolvía al rock. Su grupo más representativo fueron los **Sex Pistols** o posteriormente, surgieron importantes grupos como **The Ramones, Offspring** y **Green Day.**

La nueva ola

La **nueva ola (new wave)** surgió en la década de **1980** y se caracterizó por crear una música más directa y cercana al público. Sus canciones son mucho más elaboradas, con una estructura y una melodía muy cuidadas. Sus temas son muy variados, desde los tradicionales del pop (sentimientos, diversión) a otros más cercanos al compromiso social. El grupo más representativo de esta corriente es **The Police**.

Investiga

La música punk generó todo un movimiento social y cultural. Sus seguidores mostraban una estética extravagante y rupturista con la sociedad de entonces: cresta en el pelo de colores, cuero y metal en sus ropas, etc.

Observa la portada del polémico disco *God Save the Queen* (1977) de The Sex Pistols.
Investiga qué supuso para la sociedad británica la publicación de esta canción.

Escucha, comprueba, reflexiona...

Roxanne, álbum *Outlandos d'Amour,* The Police (1978).

Escucha este tema de los ochenta y observa cómo el bajo de las estrofas tiene influencias del reggae y la voz tiene algún rasgo africano.

1 ¿Cuál de estos tres adjetivos te parece más acertado para definir la guitarra de las estrofas: suave / melodiosa / cortante?

2 La velocidad de la estrofa y la del estribillo es la misma, pero explica: ¿cuál de las dos partes te parece más relajada?

El funk

A mediados de los **años sesenta**, el cantante **James Brown** empezó a cantar con un estilo que se denominó funk. Se caracteriza por ser una música bailable, de ritmo constante y sincopado. El grupo **Earth, Wind & Fire** fue uno de los más populares.

La música disco

A partir de la música **funk** y del **soul** en los **años sesenta** surgió un nuevo estilo: **música disco.**

Su nombre proviene de discoteca, y es, ante todo, música para bailar. Se caracteriza por dar gran protagonismo al ritmo más que a la melodía. Uno de los grupos más representativos de música disco es **Bee Gees**.

La música electrónica

A comienzos de los **años ochenta** aparecieron los secuenciadores, el MIDI y las cajas de ritmo, que se incorporaron a diferentes estilos de música. Así, nacieron el **pop electrónico,** el **techno poo,** o el **dance pop.**

Por otra parte, se creó una música de baile estrictamente «electrónica», como es el caso del **house,** el **acid house** o el **techno.**

Actualmente, hay gran variedad de estilos de música electrónica como el **Drum and bass,** el **Dupstep,** el **EDM,** etc.

La música alternativa

A **finales de los ochenta** y ya en los **noventa,** surge una corriente musical al margen de las grandes discográficas. A esta música se la conoce como **Indie pop**, debido a que sus grupos tenían contratos con casas discográficas independientes (no multinacionales).

Otra corriente importante es el **grunge.** Su grupo más representativo fue **Nirvana,** cuyo gran éxito popularizó este género en todo el mundo y fue, posteriormente, afianzado por grupos como **Stone Temple Pilots** y **Alice in Chains.** Además, surgieron evoluciones de rock como el Hard Rock, el Trash Metal o el Nu-metal, entre otros.

El rap y el hip hop

En los **años ochenta** surgió una corriente contracultural llamada hip hop que engloba una manera de pensar, de vestir, de bailar...

El rap es la música que representa esta cultura. Consiste en recitar frases rítmicas sobre las partes instrumentales de las canciones.

Las primeras figuras del rap fueron Afrika Bambaataa y Sugarhill Gang, cuya canción *Rapper's delight* (1979) está considerada el inicio del rap.

El tema *Rapper's delight,* del trío de músicos Sugarhill Gang, es esencial en la historia del hip hop.

Taller profesional

El **técnico de sonido** es un profesional del que depende en gran medida el éxito de los intérpretes en los **conciertos en directo.** Se podría considerar «uno más del grupo»; pues si el grupo toca bien, pero la sonorización no es buena, se desluce el espectáculo.

Debe conocer y aplicar la tecnología más adecuada para conseguir un sonido perfecto sin un solo fallo: consola de mezclas, micrófonos, ecualizadores, procesadores de efectos, amplificadores, cajas acústicas, cuñas de monitorización, cables, conectores, auriculares...

Se requiere poseer título académico de grado superior: Técnico Superior en Sonido para audiovisuales y Espectáculos. Otras salidas profesionales son Técnico de sonido en televisión, radio, cine, teatro, espectáculos; técnico de sonido en estudios musicales, postproducción; editor montador de sonido, etc.

1 Imagina que unos amigos y amigas van a tocar en público y te encargan a ti la sonorización. Investiga y explica los medios técnicos mínimos que deberías conseguir para que pudieran sonar en directo.

2 Grandes grupos tienen grandes ingenieros de sonido, tanto en el estudio como en los conciertos. Busca quien es el ingeniero o el técnico de sonido de uno de tus grupos de música.

2 Escucha el estilo de las casas discográficas

2.1 Qué vas a escuchar

La canción que vas a escuchar, *When a Man Loves a Woman,* fue grabada en 1966 e interpretada por el cantante de soul **Percy Sledge.** Logró ser **número uno en las listas de éxitos.** Además, fue el primer disco de oro que consiguió Atlantic Records, discográfica dedicada básicamente al rhythm and blues, el rock and roll y el jazz.

La canción fue grabada en una nueva versión en los años noventa por Michael Bolton, quien la incluyó en su disco *Time, Love and Tenderness.* Con ella, Bolton consiguió su segundo premio Grammy en 1991.

2.2 El sonido del soul

La canción está enmarcada dentro del **estilo soul,** uno de los estilos con raíces afroamericanas surgidos en el siglo XX en Estados Unidos.

El **soul** se convirtió en el medio de expresión de la **población afroamericana,** con canciones de contenido reivindicativo.

Este estilo incorpora aspectos de la música espiritual **gospel** que hacen que el soul se caracterice por una interpretación vocal, apasionada y sentida, al igual que los cantos **espirituales negros.**

Al hablar de soul hay que hacerlo también de sus **casas discográficas.** Cada una de ellas tenía su propio sonido, y sus dueños eran entusiastas del nuevo estilo. Así, **Motown,** en Detroit, ofrecía un sonido cercano al pop, mientras que **Stax,** en Memphis, servía de plataforma a un soul más impetuoso.

El gospel

El gospel o espiritual nace en las iglesias afroamericanas a finales del siglo XVIII y se hizo muy popular durante la década de 1930.

Sus letras pegadizas son verdaderos himnos en los que se cantan los valores cristianos.

El gospel recoge las características de los espirituales afroamericanos y su estilo vocal pasó al soul.

Escucha, comprueba, reflexiona...

When a Man Loves a Woman, álbum *When a Man Loves a Woman,* Percy Sledge.

En el arreglo de esta canción se han utilizado varios instrumentos relacionados con otros estilos. Por ejemplo, el órgano se incluía en los himnos religiosos; la guitarra eléctrica recuerda a algún solo de rock and roll...

1 Escucha atentamente y responde a las siguientes cuestiones:

a) ¿Con qué música crees que tiene relación el coro?

b) ¿Cuál crees que es el más importante de todos los instrumentos?

c) ¿Crees que suena un bajo o un contrabajo?

2 Esta canción podría ser etiquetada como «pop», pero ¿qué diferencias encuentras con alguna canción pop actual?

3 ¿Cuántas partes tiene la canción? Escribe en tu cuaderno, con letras mayúsculas, su forma.

A_1 When a man loves a woman
Can't keep his mind on nothing else
He'll trade the world
For the good thing he's found.

A_2 If she is bad he can't see it
She can do no wrong
Turn his back on his best friend
If he put her down.

A_3 When a man loves a woman
Spend his very last dime
Trying to hold on
to what he needs.

A_4 He'd give up all his comfort
Sleep out in the rain
If she said that's the way
it ought to be.

B Well, this man loves a woman
I gave you everything I had
Trying to hold on to your precious love
Baby, please don't treat me bad.

A_5 When a man loves a woman
Down deep in his soul
She can bring him
such misery.

A_6 If she is playing him for a fool
He's the last one to know
Loving eyes
can't ever see.

B Well, this man loves a woman
I gave you everything I had
Trying to hold on to your precious love
Baby, please don't treat me bad.

Taller de interpretación

Interpreta *Llamando a la Tierra*

La canción *Llamando a la Tierra,* interpretada por el grupo español M-Clan, es una versión en castellano de la canción *Serenade* (1976), del grupo de blues rock Steve Miller Band. La canción, en su momento, pasó desapercibida por el público. Fue años después cuando se reconoció su valía.

Investiga

Visiona en la red el vídeo de esta canción en su versión original.

Prepara el ritmo

En la música moderna son frecuentes las **síncopas enlazadas con ligaduras.** Al interpretar este ritmo parece que hay una serie de figuras de negra que se han movido con relación al pulso. Observa de qué dos maneras se pueden escribir:

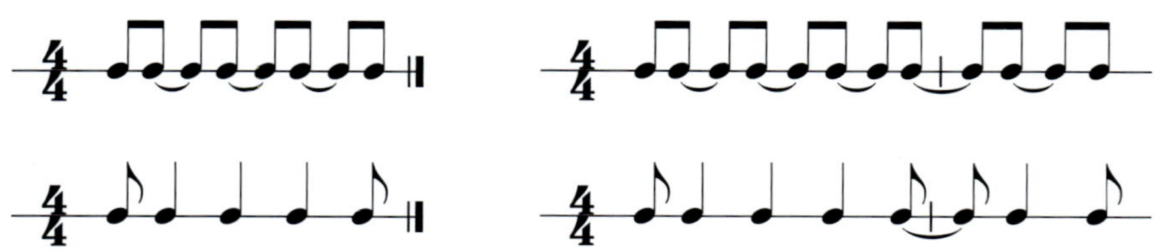

Interpreta el fragmento siguiente para practicar el uso de estos ritmos.

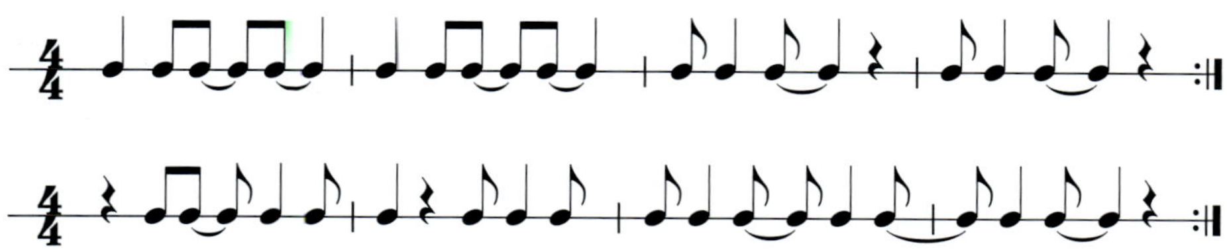

Prepara la melodía

Las **escalas mayor y menor** se diferencian en tres notas; si tomas como punto de partida una escala mayor, has de rebajar un semitono las notas 3.ª, 6.ª y 7.ª. Obtienes así la denominada **escala menor natural:**

Tonos y semitonos

La distancia que separa dos notas naturales consecutivas es de un **tono**, excepto entre mi-fa y si-do, cuya distancia es de un **semitono.**

El fragmento siguiente es el comienzo de una melodía perteneciente a la película *Piratas del Caribe*. Está escrita con notas de una escala menor natural: la **escala de re menor.**

Llamando a la Tierra

M-Clan

I A₁ A₂ B A₃ A₄ B A₅ A₆ B Coda

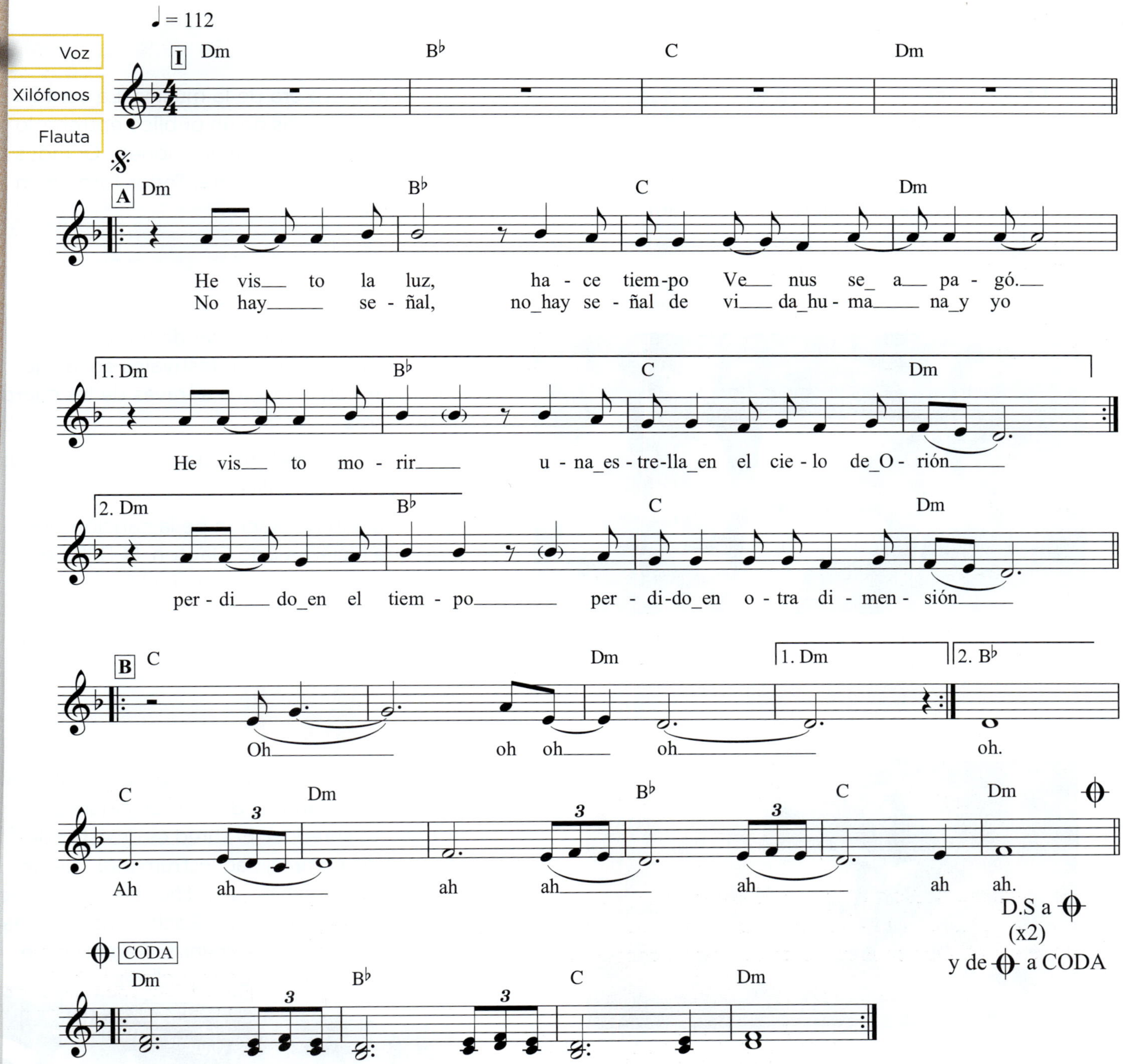

He visto la luz,
hace tiempo Venus se apagó.
He visto morir una estrella
en el cielo de Orión.

No hay señal,
no hay señal de vida humana,
y yo perdido en el tiempo
perdido en otra dimensión.

Soy el capitán,
de la nave tengo el control.
Llamando a la Tierra,
esperando contestación.

Soy un cowboy
del espacio azul eléctrico.
A dos mil millones de años luz
de mi casa estoy.

Quisiera volver
no termina nunca esta misión.
Me acuerdo de ti
como un cuento de ciencia-ficción.

No estoy tan mal,
juego al póker con mi ordenador.
Se pasan los días
no hay noticias desde la estación.

«El imperio» de la guitarra eléctrica

La aparición de la guitarra eléctrica supuso el nacimiento de una nueva era de la música. La ventaja que ofrecía la amplificación de su sonido pronto conquistó a grandes masas de un público entregado a los nuevos ritmos, especialmente el blues y el rock en todas sus manifestaciones. Grandes guitarristas, cada uno con su propio sello personal, han dejado muestras de su arte. Todos forman un rico mosaico en el que hay estilos para todos los gustos.

El juego de las guitarras

Los guitarristas disfrutan tocando juntos. Son habituales sus reuniones en festivales en los que parecen jugar con la música a través de las cuerdas de sus guitarras.

El poder y la magia natural que muestran con sus guitarras fascina al público.

Es histórica la interpretación de la canción *Rock me baby* que hicieron Eric Clapton, B. B. King, Buddy Guy y Jimmie Vaughan en el festival Crossroads Guitar (2004).

El punteo en los solos

El punteo en los solos de guitarra es un momento clásico en las canciones de los grupos de rock y jazz.

Grandes guitarristas han contribuido a encumbrar a sus respectivos grupos de rock con su genio interpretativo. He aquí algunos de los más grandes: Mark Knopfler (Dire Straits), Jimmy Page (Led Zeppelin), David Gilmour (Pink Floyd), Angus Young (AC/DC), Brian May (Queen), Lzzy Hale (Halestorm).

El estilo Shred

Steve Vai, Eddie Van Halen, Yngwie J. Malmsteen, Joe Satriani y Jannifer Batten son algunos de los mejores shredder. El shred es un estilo de alto nivel de complejidad instrumental que se caracteriza por exhibir una difícil técnica barroca que parece recordar a J. S. Bach y una velocidad inspirada en el famoso violinista Paganini que entusiasma mucho a sus seguidores.

Trabaja con lo aprendido

Comprueba

1 Elabora un eje cronológico que refleje los principales géneros musicales surgidos desde finales del siglo XIX hasta los años sesenta del siglo XX.

2 ¿A qué se denomina race music?

3 Explica cómo evolucionó el blues al llegar a las grandes ciudades.

4 Escribe unas líneas sobre tres estilos derivados del jazz.

5 ¿Qué relación existe entre el rhythm and blues, el rock and roll y el soul?

6 Haz una breve redacción sobre The Beatles, su entorno musical, su origen y su evolución.

7 Escribe los nombres de, al menos, tres estilos derivados del rock y coméntalos brevemente.

8 Enumera los principales estilos musicales surgidos desde la década de los setenta y nombra algún músico representativo de cada uno.

Practica

9 Escribe en tu cuaderno de pentagramas la escala de si menor. Trata de reproducir, tomando la nota si como tónica, la estructura de tonos y semitonos que tienen las escalas menores que has encontrado en la unidad.

10 Interpreta el siguiente fragmento rítmico. Después, escríbelo en tu cuaderno eliminando algunas ligaduras.

11 Observa detenidamente cada uno de los siguientes pentagramas. Di en qué tonalidad, mayor o menor, está escrito cada uno.

a)

b)

c)

d)

Investiga

12 Busca información sobre los grupos Earth, Wind and Fire y Kool & the Gang y elabora un breve trabajo sobre ellos: años de actividad, discos editados, miembros, estilos, posición en listas de ventas, etc.

13 Cada uno de los grandes géneros musicales han dado lugar a varios subgéneros. En grupo, elige uno de los géneros que has estudiado en la unidad y elabora un esquema con los subgéneros y sus características particulares.

Un mapa musical

emprender aprender

El desarrollo de la música moderna, desde sus orígenes en el sur de los Estados Unidos, es una de las manifestaciones culturales más apasionantes de la historia reciente.

La elaboración de un mapa musical, en el que se reflejen todos los movimientos de los diferentes estilos musicales relacionados, puede ser una excelente ayuda para entender este importante proceso.

Se trata de señalar sobre un mapa mundial, utilizando puntos de colores, flechas, diagramas, leyendas..., los lugares más importantes de los diferentes estilos de la música moderna que se han estudiado en esta unidad.

Un trabajo de este tipo es ideal para realizarlo de forma cooperativa en pequeños grupos de tres o cuatro personas.

Buscad documentación

1 El primer paso es organizar el proceso de documentación. Anotad, con ayuda de vuestro libro, los estilos y géneros musicales relacionados: desde los primitivos cantos de trabajo hasta las últimas tendencias del rock y el pop.

2 Seguidamente, repartid todos esos puntos para que cada cual busque en Internet o en otros medios toda la información referida a la época, al lugar de origen del estilo musical y a los lugares a los que se extendió o a los que influenció; por ejemplo, el blues primitivo evolucionó una vez que emigró a Chicago.

Elegid un diseño para el trabajo

3 Poneos de acuerdo sobre el tamaño que va a tener el mapa. Cuanto más grande, mejor podréis situar los símbolos y mejor lo verán el resto de vuestros compañeros y compañeras.

4 Elegid la manera de indicar los lugares y su relación con los estilos musicales. Podéis utilizar puntos de diferentes colores (un color para cada estilo o género); flechas que relacionen estilos y lugares; pequeñas fotografías; leyendas explicativas...

Trasladad los datos al mapa

5 Toda la información quedará reflejada de una manera clara de tal modo que el mapa se explique por sí mismo, y que no implique, necesariamente, que tengáis que exponer nada ante los demás.

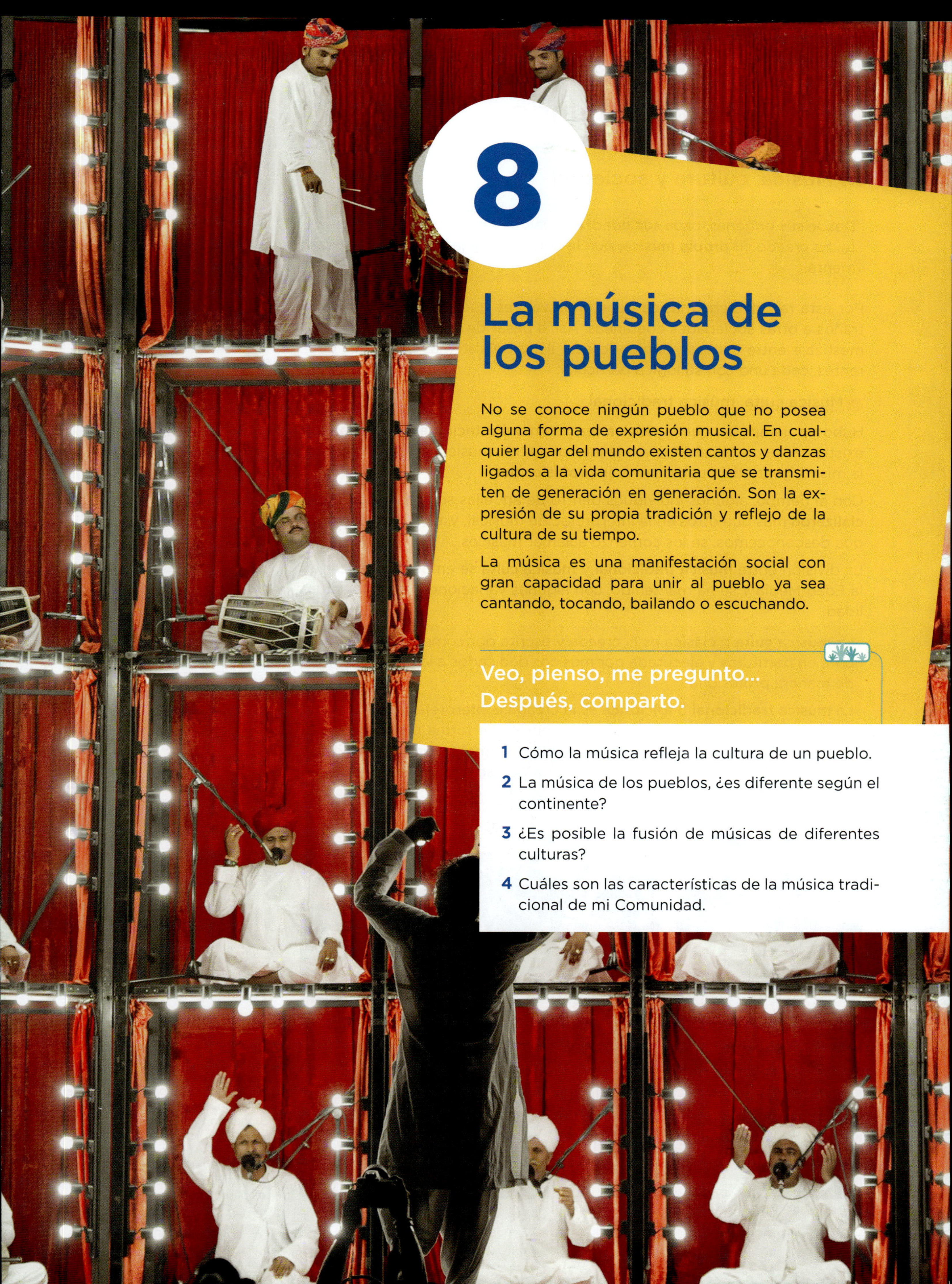

8

La música de los pueblos

No se conoce ningún pueblo que no posea alguna forma de expresión musical. En cualquier lugar del mundo existen cantos y danzas ligados a la vida comunitaria que se transmiten de generación en generación. Son la expresión de su propia tradición y reflejo de la cultura de su tiempo.

La música es una manifestación social con gran capacidad para unir al pueblo ya sea cantando, tocando, bailando o escuchando.

Veo, pienso, me pregunto... Después, comparto.

1 Cómo la música refleja la cultura de un pueblo.

2 La música de los pueblos, ¿es diferente según el continente?

3 ¿Es posible la fusión de músicas de diferentes culturas?

4 Cuáles son las características de la música tradicional de mi Comunidad.

1 Los sonidos del mundo

1.1 Música, cultura y sociedad

Desde sus orígenes, **cada sociedad,** en cualquier lugar de nuestro planeta, ha creado su **propia música,** que la conmueve y la satisface estéticamente.

Por esta razón, dicha música tiene unos valores que a veces resultan extraños a otras sociedades coetáneas. Así, a pesar de la globalización y del mestizaje entre culturas, el mundo está lleno de sistemas musicales diferentes, cada uno con su lógica particular.

Música culta, música tradicional

Hubo un tiempo en que la **música** era una manifestación **espontánea** y no existía una especialización para la interpretación musical: los **músicos** eran la misma gente del pueblo; **no eran profesionales.**

Con el tiempo, algunos individuos dentro de aquellas sociedades **se especializaron** más que otros en la interpretación musical, y, en algún momento que desconocemos, se los comenzó a llamar músicos.

La división entre **música tradicional** y **música culta** se empezó a utilizar en la Edad Media y se ha mantenido, con algunas variaciones, hasta la actualidad.

La **música culta** o **clásica** es la creada y escrita por compositores, transcrita en partituras y ejecutada por músicos dedicados a la interpretación de manera profesional.

La **música tradicional** o **folclórica** es la creada e interpretada por el pueblo, que, en general, no se dedica a la música de forma profesional. Se ha transmitido de generación en generación oralmente, sin necesidad de partituras. Al contrario que la música culta, la tradicional es anónima, de autor desconocido.

La musicología

Es la ciencia que estudia la música desde un punto de vista científico y teórico.

Un musicólogo puede estudiar tanto la música clásica (más cercana a la Historia) como el folclore (Etnomusicología), aunque, generalmente, se suele especializar en parcelas concretas de la música.

La música es un elemento imprescindible en las fiestas, tradiciones y celebraciones populares.
El pueblo participa de ella cantando, bailando, tocando o, simplemente, escuchando.
La imagen refleja una Panda de Verdiales, en la fiesta de los Verdiales de Málaga. El origen de esta música tradicional se pierde en el principio de los tiempos.

1.2 La cultura árabe

La música de la **cultura árabe** se extiende principalmente por **tres zonas** y presenta rasgos diferentes entre sí: el **Magreb, Oriente Próximo** y **otros países de África** que se caracterizan por su mezcla de culturas, como Sudán, Etiopía, Madagascar o Mozambique.

La música folclórica

Gran parte de la música tradicional es **vocal** y suele acompañarse con percusión y algún instrumento melódico. Es básicamente **monofónica** y **monorrítmica.** En el norte de África tiene influencias grecorromanas, sefardíes, hispanomusulmanas y bereberes.

La música clásica

Actualmente, podemos hablar de cuatro escuelas musicales de música clásica: la **persa** (Irán), la **árabe** (Egipto), la **andalusí** (norte de África) y la **turca.** Este tipo de música se suele interpretar de dos maneras:

- Mediante solos o duetos improvisados.
- Por conjuntos instrumentales y coros, a menudo al unísono, que ejecutan melodías tradicionales ornamentadas.

Un ejemplo de **música clásica islámica** conocido en nuestro país son las **nubas:** suites que provienen de la música andalusí del siglo XV y que constan de ocho o diez movimientos que a su vez se dividen en varias secciones.

Instrumentos árabes

Utilizados en el folclore:

- *Argul* o *zamar:* doble clarinete.
- *Bendir, daaf* o *tar:* panderos.
- *Zorna:* aerófono de doble lengüeta, llamado también zurna o surnay.
- *Tabla:* tambor cilíndrico o semiesférico.

Utilizados en la música clásica:

- *Duduk:* flauta muy grande.
- *Cítara* o *salterio:* llamado también santur o kanun.
- *Violín:* empleado en las orquestas de Egipto, Marruecos...

Utilizados en ambas músicas:

- *Kemanche* o *kamanja:* laúd clásico de arco, similar al violín.
- *Flauta nay.*
- *Derbuka:* tambor con forma de copa y una sola piel.
- Diferentes tipos de laúdes de mástil largo y de punteo.

Músicos marroquíes interpretando música tradicional con instrumentos de cuerda y de percusión.

Escucha, comprueba, reflexiona...

Danza del vientre. Nuba tradicional.

Las nubas son interpretadas por músicos profesionales, y algunos de sus instrumentos coinciden con los de la música folclórica.

1 ¿Qué similitudes encuentras entre los instrumentos que suenan y los que tú conoces?

La danza del vientre

Es una antigua danza árabe. Son movimientos rápidos y lentos de la cadera y del vientre, marcando los músculos abdominales, con los brazos serpenteantes y movimientos de pecho y hombros. En la cintura suelen llevar el *caderin* que acompaña el ritmo de la música.

1.3 África Subsahariana

En la mayoría de las **tribus subsaharianas,** desde sus orígenes, todos los habitantes participan de la vida musical. Hay una serie de características comunes en la música de esta zona de África:

- El ritmo está mucho más desarrollado que en otras culturas, llegando a superponer varias estructuras rítmicas diferentes e incluso con varios tipos de compás simultáneos. Es lo que llamamos **polirritmia**.
- Uso frecuente de los **ostinatos**, esquemas tanto rítmicos como melódicos que se repiten.
- Gran parte de la música vocal es **polifónica** (ejecución simultánea de dos o más líneas melódicas).
- Está casi siempre **asociada a la palabra:** el tipo de entonación del idioma de cada etnia influye en la entonación melódica de su música.
- Está basada en el empleo habitual de las **escalas pentatónicas.**

Los instrumentos africanos

El África subsahariana posee una **enorme riqueza instrumental.** Al ser su música fundamentalmente rítmica, los instrumentos de **percusión** cumplen un papel muy importante, y, dentro de estos son los **membranófonos** los que predominan sobre otras familias de instrumentos.

Hay una **gran variedad de tambores** construidos de diversas formas, tamaños y materiales, como los **djembé**, que son tambores en forma de copa con un solo parche; los **dum dum**, que se golpean horizontalmente, o el **tambor parlante**, con forma de reloj de arena con dos parches, uno en cada extremo, unidos por cuerdas.

Otros instrumentos tradicionales africanos son el **balafón**, parecido al xilófono con calabazas en la parte inferior, que hacen de resonadores y la **kalimba**, **sansa** o **mbira**, una caja de madera donde van clavadas unas láminas metálicas afinadas que se pulsan con los dedos.

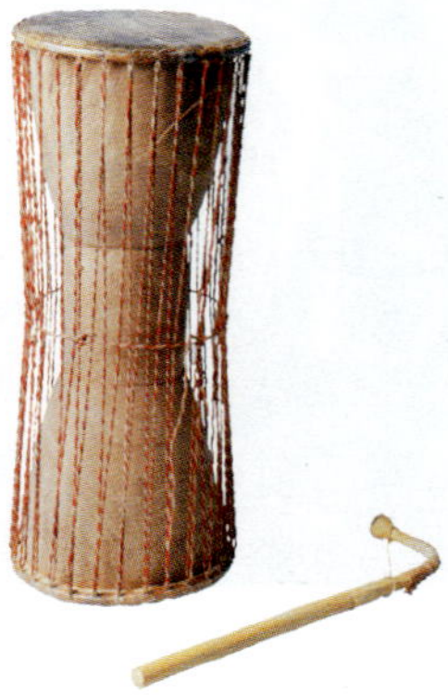

El tambor parlante realmente transmite información. Muchas lenguas africanas son tonales, es decir, a cada palabra le corresponde un tono musical, por lo que el tamborilero interpreta los ritmos y tonos de cada palabra aprentando las cuerdas que hacen que el parche se tense.
Con los tambores parlantes se puede mantener una conversación a kilómetros de distancia.

1.4 Asia

China

En **China**, la tradición musical se remonta al año 3 000 a. C. Su origen es religioso y está ligada a las antiguas ceremonias de la corte y al teatro ritual. De esta tradición derivó la **ópera china,** siendo la más importante la de Pekín.

Las **características** principales de la música china son:

- Un **ritmo** habitualmente **regular.**
- Una **melodía** basada en la escala **pentatónica.**
- Una **textura** esencialmente **monódica.**
- El empleo de **instrumentos** melódicos de **cuerda y de viento.**

El Tíbet

En el **Tíbet**, lo más **característico** de su música es un **canto armónico** que ejecutan los monjes: un monje puede cantar simultáneamente dos líneas, una muy grave con una nota mantenida y por encima una melodía.

La música desempeña un papel muy importante en la vida de las comunidades monásticas tibetanas.

India

La música **india** tiene un carácter **emotivo y descriptivo.** Se caracteriza por la **improvisación** de melodías sencillas sobre una nota «pedal grave» (mantenida) que suena de modo constante. Esta improvisación recibe el nombre de **raga.**

Japón

En la **música culta de Japón** destacan el canto budista y la música cortesana. Las expresiones más importantes de la música japonesa popular son:

- las **pantomimas** teatrales.
- las **danzas** rituales.
- la música de **orquesta** de carácter festivo.
- los **cantos** de contenido épico.

Escucha y reflexiona

Fragmento de música tradicional de China y de la India:

- Ópera China.
- Boda del sur de la India.

Investiga

Visiona en la Red el vídeo de una raga clásica india interpretada por Anoushka ShanKar tocando el sitar, el instrumento tradicional de la música india.

Comprende, piensa, aplica...

1 Explica las principales características de la música culta y de la música tradicional.

2 Dibuja un mapa de la zona por donde se extiende la cultura árabe. Sitúa en él las cuatro escuelas de música clásica de su cultura.

3 Explica qué es una nuba y de dónde es originaria.

4 Haz una lista con los nombres de algunos instrumentos propios de la música africana. Dibújalos.

5 ¿Qué nombre recibe en la música india la improvisación que se realiza sobre una nota pedal grave, que suena constante de fondo?

6 La flauta da una sonoridad caracterísitcia a la música japonesa. Investiga cómo son las flautas más utilizadas en la cultura musical de Japón.

1.5 Oceanía

Australia

La música está muy presente entre los **aborígenes australianos** y desempeña un papel fundamental tanto en la **vida social** como en la **vida sagrada.** Entre los instrumentos musicales destaca el **digeridoo,** construido con una rama hueca de eucalipto.

Nueva Guinea (Melanesia)

Su música tradicional es principalmente **vocal.** Hay música **polifónica** y **monofónica,** y dentro de esta última se dan los cantos hechos al **unísono en forma de canon** muy repetitivo, que se realizan con fines curativos y espirituales.

Nueva Zelanda

Los **cantos** del pueblo autóctono **maorí** se caracterizan por su **carácter narrativo:** historias de la tribu, genealogías, temas épicos, etc. También destacan sus **danzas de guerra,** siendo la más conocida la **haka,** de movimientos muy enérgicos.

Hawai (Polinesia)

Las **islas Hawai** son interesantes por sus **instrumentos musicales.** El más característico es el **ukelele** (parecido a la guitarra portuguesa y la mandolina), un instrumento de cuerda que se toca frotando con una barra metálica (o el cuello de una botella) sobre las cuerdas. El ukelele acompaña a la **danza** principal de las islas: la **hula.**

La hula es una danza tradicional de las islas Hawai. Es una danza cantada que cuenta las leyendas y la historia del pueblo. Son movimientos suaves y ondulantes de cadera que junto a las expresiones y gestos de las manos transmiten y explican la historia que cantan.

Investiga

El **digeridoo** es un instrumento de viento creado por los aborígenes australianos. Está considerado como uno de los instrumentos más antiguos del mundo. Investiga en la Red cómo participa la naturaleza en la elaboración de este instrumento.

Para hacer sonar el digeridoo, se sopla de manera que, respirando por la nariz y ejerciendo presión en el extremo inferior del tubo, se mantenga una nota.

Escucha, comprueba, reflexiona...

Polirritmias de Polinesia.

1. ¿Cuántas entradas instrumentales se producen en este fragmento? ¿A qué familia pertenecen los instrumentos que intervienen? ¿Qué tipo de instrumentos crees que son?
2. Escucha con atención y escribe el ritmo del primer instrumento que suena.

1.6 América

La música de los nativos norteamericanos

Se conoce poco de la música autóctona anterior a la llegada de los europeos a Norteamérica. Existen pocas referencias. En general, se trata de **cantos breves,** que no incluyen narración y que van acompañados por **ritmos fijos sencillos en la percusión.**

La música caribeña

La llegada de los colonizadores europeos y de esclavos procedentes de África, con estilos musicales propios, supuso la aparición de una gran variedad de formas musicales. La **música caribeña** surgió de la interacción de los **ritmos africanos,** los **estilos europeos** y la **música propia de los indígenas.**

Se caracteriza por el uso de **percusión e instrumentos de viento,** por un **predominio del ritmo,** por el empleo de formas musicales **sincopadas** y por la presencia de **ostinatos.**

La música con raíces europeas en Hispanoamérica

La música folk presente en **Hispanoamérica** integra todos los géneros heredados del **folclore español y europeo,** a veces interpretados **con instrumentos propios.**

La forma más característica son los **cantos,** que a menudo acompañan a las **danzas.** Suelen tener **ritmo pausado** y en sus letras predomina un contenido amoroso o dramático.

Escucha y reflexiona

Música de los Andes, interpretada por charango, flauta y guitarra.

La música andina es un buen ejemplo de mestizaje musical en el que se fusionan ritmos e instrumentos autóctonos con otros traídos de Europa. El resultado es una música inconfudible.

1.7 La música tradicional española

El **folclore español** es enormemente **variado,** tanto si se atiende a la temática de sus letras como a los **ritmos,** los **instrumentos** o las **melodías.**

Se puede hablar de unos **elementos comunes** a casi todas las zonas de España; pero hay que tener en cuenta que **en cada lugar** un mismo elemento musical (escala, ritmo...) es utilizado de una **forma peculiar,** lo que se traduce en una gran variedad y riqueza.

La melodía

La mayoría de las melodías populares **se acompañan rítmicamente** con una gran variedad de instrumentos; pero hasta época muy reciente no llevaban acompañamiento armónico. Nuestras melodías tradicionales proceden de tres tipos básicos de **escalas:** modo frigio, escalas modales y escalas diatónicas mayores y menores.

El ritmo

En nuestra música tradicional se distinguen dos formas de trabajar el ritmo:

- El **ritmo de la melodía cantada.** Una característica muy frecuente es la no coincidencia entre la sílaba acentuada y el acento natural del compás.
- El **ritmo ejecutado con instrumentos,** que sirve para acompañar un canto o para darle el perfil adecuado a un baile.

Las formas musicales

La **canción** es la forma musical más empleada. Por canción entendemos la alternancia entre **estrofa y estribillo,** que en la música popular se denominan **copla** y **refrán,** respectivamente.

Son también importantes los **romances**, narraciones estróficas, sin refrán o estribillo, que se cantan repitiendo la misma música para cada estrofa.

Las coplas de ciego eran relatos basados en hechos reales manipulados para presentarlos más dramáticos o con desenlaces trágicos y épicos. Eran cantados por los ciegos acompañados del violín o del acordeón
En mercados y plazas, las gentes formaban corros entorno a a ellos para escuchar sus coplas.
En ocasiones, mostraban un tablero con las historias que iban señalando con un puntero de palo.

Instrumentos tradicionales

En España hay gran variedad de instrumentos tradicionales. Algunos están muy extendidos por toda la Península. Otros son característicos de determinadas zonas.

Los instrumentos tradicionales son tan variados como lo son sus regiones.

Los más representativos son:

- **Aerófonos:** gaita, flauta de tres agujeros y dulzaina.
- **Membranófonos:** pandero, pandereta y tambor.
- **Idiófonos:** castañuelas, tejoletas, almirez, cascabeles.
- **Cordófonos:** guitarra, timple, zanfona, bandurria.

Los géneros

Los **géneros** son los diferentes tipos en los que se puede clasificar la música atendiendo a su **función,** a su **forma** y a su **contenido.**

En la música popular española destacan los géneros siguientes:

- **Cantos de ronda.** Se denomina ronda a un canto que, tradicionalmente, un joven dedicaba a su amada. En la ronda, el joven y sus amigos salen por el pueblo de noche cantando con guitarras, bandurrias e instrumentos de percusión, hasta la casa de la chica. Hoy día, los cantos de ronda se siguen interpretando pero ya solo como parte del folclore de nuestras comunidades.
- **Cantos de trabajo.** Son aquellos con los que se acompañan los trabajos cotidianos. Es el género con más variantes: cantos de siega, de siembra, de arrieros, de aradas, de vendimia, de marineros...
- **Canciones de baile y fiesta.** En estos cantos es importante el componente rítmico (palmas, castañuelas, panderetas), y, muchas veces, el armónico (guitarras de diversos tipos) y el melódico (voz, dulzaina, gaita). La jota es el baile más extendido por toda la Península, junto con el fandango y la seguidilla. Otros, más propios de zonas geográficas concretas, son la muñeira, la sardana, las sevillanas, la folía, el bolero, etc.

Escucha y reflexiona

Qué quieres que te traiga, canto de ronda, interpretado con voces y pandereta.

Investiga

Visiona en la Red cantos y danzas tradicionales de tu comunidad. Elige uno y descríbelo.

La danza de paloteo es un baile tradicional de diferentes pueblos en distintas zonas geográficas de España. En la imagen, muixeranga de Algemesí (Valencia).

Taller profesional

El **musicólogo** es el profesional que estudia la música desde un punto de vista teórico; si se especializa en la música de tradición oral (folclore), se le denomina **etnomusicólogo.** El musicólogo tiene dos posibilidades de **formación:** el título superior de Musicología, en el Conservatorio o Escuela Superior, o la licenciatura universitaria en Historia y Ciencias de la Música, en la Facultad de Historia.

1 Busca información sobre las tareas concretas que realiza un etnomusicólogo.

2 Indaga sobre la fundación Joaquín Díaz (Valladolid), dedicados a la divulgación, la investigación y la interpretación del floclore de nuestro país. Visita su página web y escucha algunas de sus grabaciones.

2 Escucha una bulería flamenca

2.1 Qué vas a escuchar

El fragmento que vas a escuchar pertenece a una **bulería,** uno de los palos (estilos, cantes o bailes) del flamenco más alegres y bulliciosos.

La bulería es un **palo flamenco cantado y bailado** caracterizado por su ritmo rápido y marcado. La agrupación que lo interpreta está compuesta por un bailaor o bailaora, cantaor o cantaora, guitarrista y palmeros. Las palmas suenan con mucha intensidad y van acompañadas por expresivas voces de fiesta.

La bulería adopta multitud de **variaciones** tanto en la melodía como en la métrica. Normalmente, va acompañada de palmas a contratiempo y sus coplas se cantan generalmente con tres o cuatro versos octosílabos.

Andalucía es la cuna del flamenco. Allí se fusionaron las culturas que dieron lugar a esta nueva expresión de la música popular.
Un baile de gitanos, de Valeriano Domínguez Bécquer (1833-1870).

2.2 El ritmo flamenco

El flamenco tiene elementos muy peculiares, como es su **complejo ritmo.** Se caracteriza por la acentuación interna del compás (casi siempre ternario), que no suele ser regular, como estamos acostumbrados a escuchar en la música occidental.

Un **instrumento** fundamental para el ritmo flamenco es la **guitarra** acompañada de las **palmas** del propio «cantaor» o de otros acompañantes.

Los compases más comunes que intervienen en la música flamenca son el 3/4 y el compuesto 6/8 + 3/4. Observa el siguiente ejemplo del ritmo de una bulería.

Con la sencillez de las palmas, el taconeo, la voz desnuda y, por supuesto, la guitarra, el flamenco es capaz de estremecer a quien lo escucha.

Escucha, comprueba, reflexiona...

Fatiguitas son las mías, bulería flamenca.

Los estilos en el lenguaje flamenco se denominan **palos.** Un palo se distingue de otro por la manera concreta en que la guitarra toca la melodía y por el aire y el ritmo con que se entonan las estrofas del texto.

Dentro de un palo hay varias partes: las **estrofas** cantadas, que pueden ir alternadas con falsetas del guitarrista. Una **falseta** es un pequeño picado, punteo o combinación de acordes, no acompañado de cante, que se ejecuta tanto con fines ornamentales como para dar un espacio de tiempo al cantaor para recuperar el aliento.

1 ¿Qué tipo de agrupación interpreta la bulería? Discrimina y escribe los instrumentos que intervienen.

2 Hay una introducción que efectúan la guitarra y los palmeros que contiene una pequeña falseta de la guitarra. Trata de identificar en qué momento de la grabación aparece la falseta.

3 ¿En qué tonalidad, mayor o menor, crees que suena? Utiliza un instrumento para comprobar la tónica. ¿Qué notas utiliza frecuentemente la guitarra al comienzo?

4 Analiza la primera copla que se canta (número de versos, tipo de rima, sílabas...).

Fatiguitas son las mías,
qué fatigas son las mías,
que yo quise ponerle guarda
a una viñita perdía.

Fiesta de la Bulería, en Jerez de la Frontera (Cádiz).

Interpreta *Excursion Around the Bay*

El grupo canadiense The Great Big Sea es un grupo de música folk rock, o más exactamente, rock celta. Interpretan canciones populares con un estilo rock, en las que se fusionan ambos estilos, el folk y el rock.

La canción que vas a interpretar es un claro ejemplo de este género musical.

Investiga

Visiona en la red el vídeo de esta canción interpretado por el grupo The Great Big Sea.

Prepara el ritmo

En el **compás de subdivisión ternaria,** los pulsos son divisibles entre tres figuras iguales; por ejemplo, en tres corcheas. Su efecto sería como tocar tresillos de manera continua.

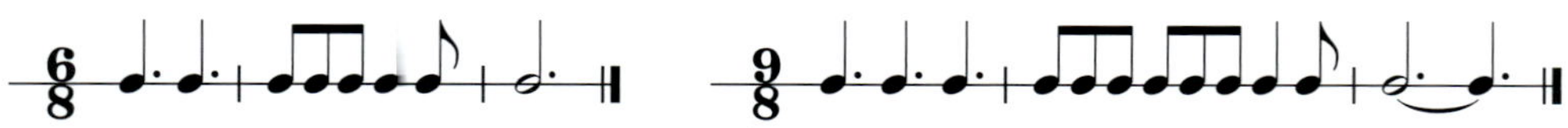

En los compases de subdivisión ternaria es muy frecuente el ritmo de negra y de corchea. Observa el fragmento siguiente, que te servirá para preparar el tema que vas a interpretar. En este caso, hay una síncopa muy curiosa.

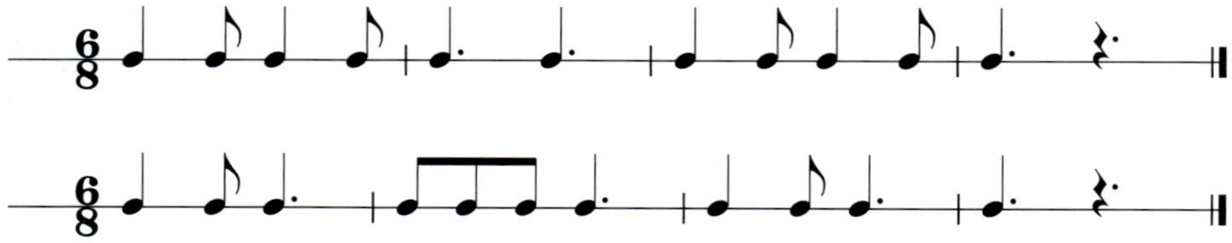

El efecto de un tresillo

Un ritmo de **tresillo** produce el mismo efecto que las tres figuras por pulso de los compases de subdivisión ternaria.

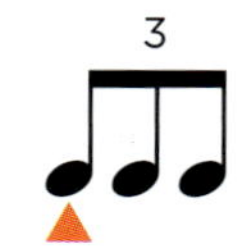

Prepara la melodía

Las dos funciones más importantes que puede realizar un acorde son la de **tónica** y la de **dominante.** El acorde de tónica es el que se construye sobre la nota tónica de la tonalidad; el de dominante se forma sobre la quinta nota de la escala correspondiente.

Observa que, dependiendo de la tonalidad que estemos utilizando, estos acordes se forman con diferentes notas. Por eso, **un mismo acorde** puede ejercer **funciones distintas según la escala** a la que pertenezca.

En do mayor

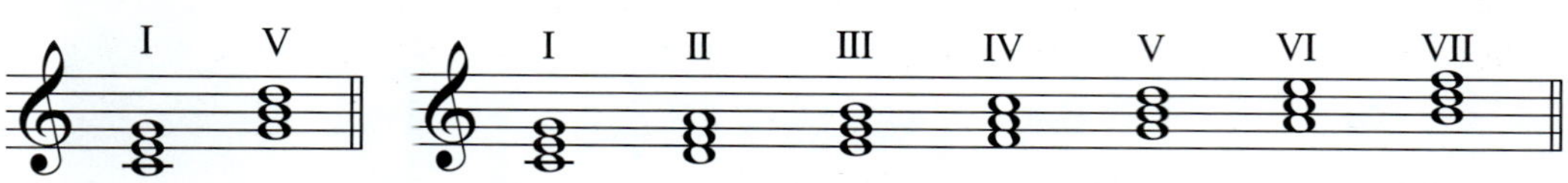

En sol mayor

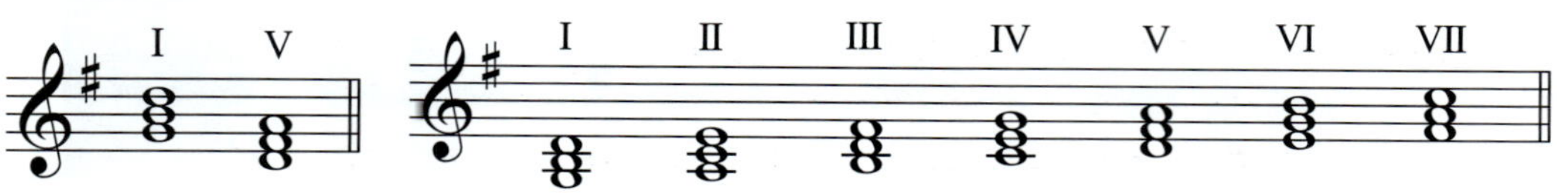

Excursion Around The Bay

The Great Big Sea (1993).

A_1 B A_2 B A_3 B A_4 B B

A2 We had three hundred souls on board, oh what a splendid sight,
Matt Strong in regimentals, to make our spirits bright;
With meself being in the double, with the funny things they'd say,
And they'd choke themselves from laughing, when they see us in the bay.

A3 Now, me wife she got no better, she turned a sickly green,
I fed her cake and candy, fat pork and kerosene;
Castor-oil and sugar of candy, I rubbed pure-oil on her face,
And they said she'd be a dandy, when she reaches Harbour Grace.

A4 My wife she got no better, my wife, my darling dear,
The screeches from her throat, you could hear in Carbonear;
I searched every place in Harbour Grace, searched every store and shop,
To get her something for the cure, or take her to the hop.

«El sistema» de Venezuela. Los sueños se pueden construir

En 1975, el maestro y músico venezolano José Antonio Abreu considerado por muchos como un visionario, fue el creador del Sistema Nacional de Orquestas y Coros Juveniles e Infantiles de Venezuela, una obra social y cultural única en el mundo. En 2008 recibió el premio Príncipe de Asturias de las Artes. Diversos países (en toda Latinoamérica, Escocia, Irlanda, Alemania o Japón), están siguiendo en la actualidad esta misma iniciativa en todas las escuelas públicas, con este mismo nombre: El Sistema.

Las palabras de su fundador cada vez cobran más fuerza: «Cuando un niño pobre ingresa en el mundo del arte, su pobreza material empieza a ser vencida por la riqueza espiritual».

El Sistema utiliza la formación musical para desarrollar los valores humanos con los que se puede construir una sociedad más solidaria y tolerante. Niños y jóvenes de las clases más humildes disfrutan de la experiencia colectiva de hacer música.

Gustavo Dudamel, que a los diez años comenzó a estudiar violín en el Sistema es hoy uno de los más reconocidos directores de orquesta del mundo. Sus actuaciones al frente de la Orquesta Sinfónica Simón Bolívar suelen ser acontecimientos que causan una singular expectación. La pasión que imprime en su forma de dirigir se contagia a los públicos más diversos.

Como él, muchos de estos jóvenes que podían sufrir exclusión social hoy forman parte de las mejores orquestas mundiales.

Visiona en la Red la interpretación de *Mambo,* de L. Berstein, por la Orquesta Sinfónica Simón Bolívar dirigida por Gustavo Dudamel. Podrás conocer cómo es la orquesta y en qué se diferencia de las clásicas orquestas sinfónicas.

Trabaja con lo aprendido

Comprueba

1 Explica brevemente en tu cuaderno las características principales de la música tradicional china.

2 Selecciona uno de los instrumentos del folclore de la cultura árabe y analízalo: a qué familia pertenece, qué forma tiene, cómo se toca, etc.

3 En la música africana existen tres características que podrían ser comunes a todas las manifestaciones. Escríbelas en tu cuaderno.

4 ¿Cuáles son las características principales de la música del Tíbet?

5 ¿De dónde surge la música caribeña? Cita sus rasgos principales.

6 Escribe en tu cuaderno los principales instrumentos del folclore español clasificándolos por categorías.

7 ¿Cuáles son los principales géneros en los que se dividen las canciones populares españolas?

8 Escribe las principales funciones que realiza un profesional musicólogo.

9 ¿Cuál es uno de los elementos principales del flamenco? ¿Qué compases son los más habituales en la música flamenca?

10 ¿Qué es un palo flamenco?

Practica

11 Copia en tu cuaderno de pentagramas el fragmento siguiente y completa los espacios en blanco con los acordes que corresponda.

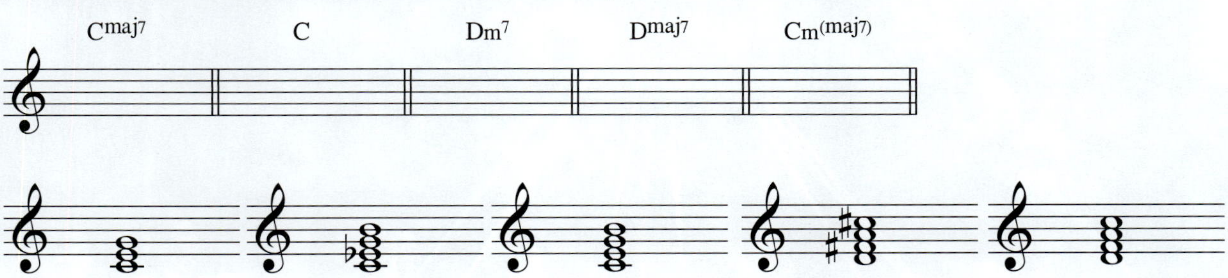

Investiga

12 Busca alguna información sobre los siguientes personajes: Béla Bartòk, Colin Turnbul, Zoltán Kodály y Paul Berliner. Redacta una breve biografía de cada uno de ellos. ¿Qué tienen en común todos los personajes?

13 Investiga y explica qué es la danza haka en Nueva Zelanda y qué uso hacen de la haka *Ka Mate* los equipos deportivos de aquel país.

Un baile tradicional

emprender aprender

Un baile tradicional es una manifestación de la cultura popular que suele aunar elementos diferentes pero muy interesantes: música, relaciones sociales, textos, ritmos característicos, trajes, temática...

Os proponemos realizar un trabajo de investigación sobre un baile tradicional. Puede tratarse de un baile propio de vuestra comunidad, de otra diferente o, incluso, de cualquier lugar del mundo.

Organizad la investigación

1 Formad grupos de cuatro o cinco personas y elegid un baile tradicional para vuestra investigación. Recabad información sobre aspectos como:

- Orígenes del baile: lugar, época...
- Características generales.
- Instrumentos utilizados, vestuario de los danzantes...
- Características de la coreografía.

Diseñad una estructura para el trabajo

2 Una vez que hayáis reunido toda la información tendréis que decidir cómo se va a mostrar el trabajo ante los demás compañeros y compañeras.

3 Podéis realizar la presentación en forma de panel con carteles, mediante una presentación informática, con una audición o un vídeo, mientras algún miembro del grupo efectúa una exposición oral, etcétera.

La propuesta final

4 Dedicad un tiempo a preparar el trabajo final y, una vez acabado, comentad entre vosotros cómo se ha trabajado y qué es lo que habéis aprendido.

5 Por último, exponed el trabajo ante vuestros compañeros.

Baile del Cordón, La Alberca (Salamanca).

9

La historia de nuestra música

La música desempeña un papel importante en la cultura de un pueblo y está sujeta a una evolución constante.

Si bien la música española ha seguido y sigue las líneas generales de la música occidental, existen géneros y formas propias que son parte de nuestro patrimonio histórico y cultural.

Veo, pienso, me pregunto... Después, comparto.

1 Cómo era la música en la Edad Media fuera de los monasterios.

2 Cómo es la sonoridad del órgano de tubos que tuvo su apogeo durante el barroco.

3 Por qué el Clasicismo se conoce como el siglo de la Sinfonía.

4 Qué relación tiene el período del Romanticismo con el término romántico.

1 A lo largo del tiempo

1.1 La Edad Media

La Edad Media es el período histórico y artístico comprendido entre los **siglos v y xv.** Durante esta época, las dos texturas musicales característicaS son la **monodia** y la **polifonía.**

La monodia

Monodia es un término griego que significa **canto para una sola voz,** con o sin acompañamiento instrumental. En la época medieval convivieron formas musicales monódicas de contenido **religioso y profano.**

La forma principal de **monodia religiosa** es el **canto gregoriano.** Se trata de cánticos, con texto en latín, interpretados por los monjes.

Dentro de la **monodia profana** destacaron las **cantigas,** poemas cantados por trovadores que, además, componían la letra y la música. Las más representativas son las *Cantigas de Santa María*, del rey Alfonso X El Sabio, de contenido religioso. También destacan las *Cantigas de amigo*, de Martín Codax, de contenido profano.

El canto gregoriano es un canto monódico a capella. Según la relación entre melodía y texto, existen tres estilos de canto gregoriano: **Silábico:** una nota por cada sílaba; **Neumático** o adonado: dos o tres notas por sílaba; **Melismático:** más de tres notas por sílaba.

La polifonía

La **polifonía** es la música para **dos o más voces** en las que cada una de ellas es independiente pero, a la vez, armoniza con las otras. En su desarrollo se distinguen **dos etapas:** el *Ars antiqua* y el *Ars nova*.

Durante el ***Ars antiqua*** (siglos xii y xiii) se desarrolló la primera forma musical polifónica, el ***organum,*** cuyo ritmo y melodía eran muy sencillos.

La música del ***Ars nova*** (siglo xiv) perfeccionó la polifonía, adquiriendo mayor complejidad rítmica y melódica. En España se conservan dos códices que contienen música de esta época: el *Códice de las Huelgas*, en Burgos, y el *Llibre Vermell*, de Montserrat.

Escucha y reflexiona

En la España medieval, la convivencia de las culturas cristiana, musulmana y judía resultaría fundamental para el desarrollo musical.

La audición *Avrix mi galanita* (anónimo, siglo xiv) es una canción de amor popular cantada en ladino, que es el dialecto sefardí (Sefarad era el nombre dado por los judíos a España).

Investiga

Visiona en la Red la interpretación de la canción *Alleluia Beatus Vir Qui Suffert* por los monjes del Monasterio de Silos (Burgos).

1.2 El Renacimiento

El Renacimiento se desarrolla durante los **siglos XV y XVI.** Las principales **características** de la música renacentista son:

- Uso de la **polifonía** que se emplea tanto para la música **vocal** como para la **instrumental.**
- El **ritmo** de las composiciones es **medido y regular.**
- Toma importancia la música específicamente **instrumental,** a partir de obras adaptadas de formas vocales, y de igual modo, surge la música compuesta para la **danza.**
- Los instrumentos de **viento** y de **cuerda** adquieren protagonismo, y así surgen los primeros tratados para instrumentos.

La música vocal religiosa

Las obras se caracterizan por una gran expresividad y profunda espiritualidad. En ellas la música está al servicio del texto, lo acompaña y lo exalta.

Las principales **formas musicales** son la **misa,** conjunto de piezas que se interpretan durante este rito religioso; el **oficio,** plegaria que se compone de salmos, lecturas, oraciones e himnos, y el **motete,** música con diferentes secciones y temas, siguiendo la estructura del texto religioso.

El mayor exponente de la música renacentista en España es **Tomás Luis de Victoria.** Sus composiciones son claras y sobrias, sin adornos. Sin embargo, hay obras en las que introduce el uso del cromatismo, es decir, la utilización de notas naturales y alteradas de la escala (tonos y semitonos).

Escucha y reflexiona

«Kyre», de la misa *O magnum mysterium*, compuesta por Tomás Luis de Victoria (1548-1611), e interpretada por un coro mixto. Es una música vocal religiosa.

Investiga

Visiona en la Red la interpretación del motete *Jubilate Deo Omnis Terra,* compuesto por Cristóbal de Morales (1548-1619), considerado el principal representante de la música polifónica andaluza del Renacimiento. Destaca por su genialidad e inventiva en materia de ritmo.

Durante el Renacimiento se mantuvieron las composiciones polifónicas religiosas, pero se desarrollaron más las profanas.

Comprende, piensa, aplica...

1. Explica las características de las texturas musicales habituales en la Edad Media.
2. Investiga qué son las cantigas, qué textura utiliza y cita algún ejemplo.
3. Sintetiza en un esquema las principales características de la música renacentista.
4. Describe cómo era la música vocal religiosa durante el Renacimiento.

La música vocal profana

Dentro de la música vocal profana se desarrolla un abundante repertorio de **canciones polifónicas,** con temáticas relacionadas con sentimientos humanos.

Las **formas musicales** más arraigadas en España son el villancico y el romance.

- El **villancico,** compuesto de estribillo y coplas, fue la forma más utilizada por los músicos renacentistas españoles. Trata temas cortesanos, populares y religiosos. A partir del siglo XVIII deriva hacia los temas navideños.
- El **romance** es una composición en la que se emplea la misma música para todas las estrofas, que están formadas por cuatro versos cada una.

También son importantes las **antologías,** en las que se recopilaban todo tipo de piezas y que se denominaban **cancioneros.**

La música instrumental renacentista

Hasta entonces, los instrumentos musicales se habían empleado para acompañar el canto o para reforzar las voces, haciendo las mismas melodías que estas.

En el Renacimiento, los **instrumentos** comienzan a emplearse de una manera diferente. Al principio, serán meros acompañantes de la voz, para pasar enseguida a ser los **absolutos protagonistas;** sobre todo, los instrumentos polifónicos, es decir, aquellos que pueden reproducir varias notas simultáneamente, ya que permiten interpretar música a varias voces y acompañar el canto.

Los instrumentos polifónicos más utilizados son la **vihuela** —genuinamente española—, el **laúd,** el **clave,** el **arpa** y el **órgano.**

Escucha y reflexiona

Hoy comamos y bebamos, de Juan del Enzina (1469-1530).

Esta pieza polifónica está interpretada por cuatro voces y un conjunto instrumental.

La vihuela se utilizó durante el Renacimiento exclusivamente en España y en Portugal. Era un instrumento muy utilizado por las clases altas para acompañar las danzas y los villancicos.

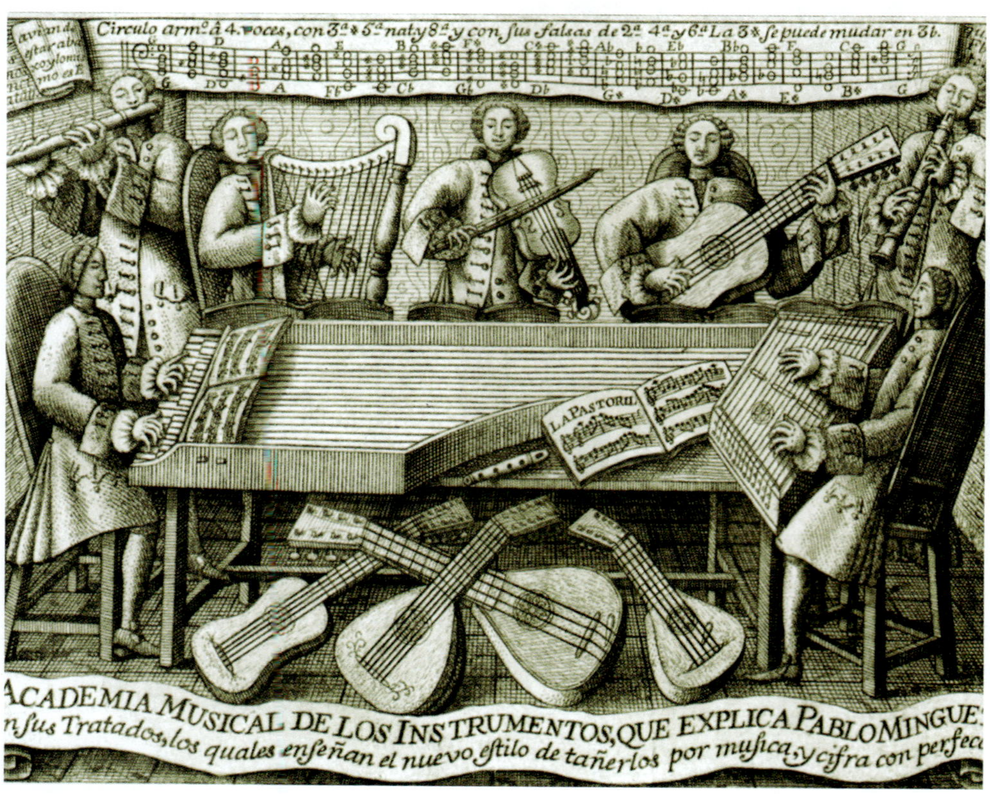

Durante el Renacimiento, se produce un gran interés por la producción de música para instrumentos, que comienzan a independizarse de las voces, dando lugar a la música instrumental como tal.
Era común que una misma pieza pudiera ser interpretada por diferentes instrumentos. Igualmente usual era que un intérprete supiera tocar varios instrumentos.

1.3 El Barroco

El **Barroco** es el período artístico propio del **siglo XVII.** El estilo barroco llega a España **desde Italia** de un modo progresivo, como una evolución natural de las técnicas y las formas renacentistas, y no como una ruptura total.

La mayoría de los compositores españoles seguían creando obras polifónicas de influencia medieval, aunque paulatinamente van introduciendo cambios en las formas y en las instrumentaciones.

Entre los autores más importantes están **Mateo Romero** (maestro de la Capilla Real), **Carlos Patiño, Juan Hidalgo, Sebastián Durón** y **Juan Bautista Comes.**

El bajo continuo

Es el acompañamiento propio de la música barroca. Se ejecuta con un instrumento melódico grave (viola de gamba, violonchelo, fagot...) que toca la melodía del bajo, y con un instrumento polifónico (laúd, clave, órgano...) que improvisa los acordes de acompañamiento.

Características

Las principales **características** de la música barroca son:

- Es una música de **grandes contrastes:** cambios de ritmo, de timbres y ornamentación de las melodías.
- La polifonía va siendo sustituida por el predominio de la **armonía,** es decir, las melodías se acompañan con acordes.
- Aparece la melodía acompañada de **bajo continuo** (bajo interpretado con acordes).
- **Nacen** las grandes formas de la **música vocal:** la **ópera,** de tema profano y con representación escénica, el **oratorio** y la **cantata,** ambas de temática religiosa.
- **Surge** la **orquesta** y, con ella, las primeras grandes **formas** de la música instrumental: la **suite** y el **concierto.**

En la actualidad se ha producido un movimiento de recuperación de la música del Barroco, rescatando estilos de interpretación e instrumentos propios de aquella época. Los intérpretes actuales recrean aquel período teniendo en cuenta las instrucciones de los teóricos de la época que explican cómo debe ser interpretado cada instrumento.
En la imagen Sting, cantante del grupo The Police, tañendo un laúd.

La música instrumental barroca

El **órgano** fue uno de los instrumentos más característicos de la música barroca. En la península ibérica se da un tipo de órgano (órgano ibérico), con unas características propias, que lo convirtieron en único durante el siglo XVII.

La **guitarra barroca** era conocida en Europa como guitarra española, un instrumento utilizado también en los ambientes cultos y aristocráticos; sobre todo, en Francia e Italia.

La guitarra propia de esta época tiene cinco cuerdas dobles. Fue muy utilizada tanto para realizar el «bajo continuo» como para interpretar «a solo» danzas de carácter popular. Sus principales compositores fueron **Gaspar Sanz** (1640-1710), **Francisco Guerau** y **Santiago de Murcia.**

Las **formas** instrumentales propias del barroco fueron el **tiento** (para arpa, órgano y vihuela) y el **pasacalle.**

Investiga

Visiona en la Red la interpretación con guitarra de la obra *Canarios,* de Gaspar Sanz.

Domenico Scarlatti

Domenico Scarlatti (1685-1757) fue un compositor napolitano que trabajó gran parte de su vida en España, al servicio de la reina María Bárbara de Braganza. En su música para teclado, más de 500 sonatas, se recogen una enorme cantidad de melodías, ritmos y armonías de la tradición popular española. Es considerado uno de los compositores más importantes de la música española y del Barroco europeo.

Danzas, cantes, tonadas y aires del folclore del siglo XVIII inspiran las obras de Domenico Scarlatti. Sus más de 500 sonatas para teclado le permitieron experimentar con las posibilidades del clave hasta crear una técnica propia y una escritura más desarrollada para el instrumento.

1.4 El Clasicismo

El **Clasicismo** es el período que comprende desde la **segunda mitad del siglo XVIII hasta comienzos del XIX.**

Las principales **características** de la música en esta época son:

- **Formas** musicales **claras y equilibradas,** sin el recargamiento de la época anterior.
- Predominio de la **tonalidad mayor** y de las líneas melódicas sencillas de frases regulares.
- Desaparece el «bajo continuo» y se acompaña con **arpegios** y otras figuraciones no contrapuntísticas.
- La **ópera continúa** su desarrollo utilizando formas más sencillas y argumentos más cercanos al público.
- Predominio total de la **música instrumental,** siendo la **sonata** la forma más característica.

En Europa, el estilo clásico tuvo dos figuras indiscutibles: los austriacos Franz Joseph **Haydn** y Wolfgang Amadeus **Mozart.**

En España, el siglo XVIII es uno de los menos conocidos e investigados de nuestra historia musical. Sin embargo, destacaron compositores importantes que siguieron haciendo evolucionar la música anterior, como **Antonio Soler** o **Luigi Boccherini,** que, aunque era italiano, realizó prácticamente toda su obra en España trabajando en la corte de Carlos III.

Escucha, comprueba, reflexiona...

«Fandango», del *Quinteto en re mayor*, de Luigi Boccherini (1743-1805).

1 Escucha el fragmento del fandango de Boccherini. ¿Qué tipo de música te sugiere?

2 Fíjate en el ritmo. Siguiendo los acentos, ¿qué tipo de compás tiene la obra?

3 Trata de discriminar los instrumentos de cuerda que forman parte del quinteto.

Comprende, piensa, aplica...

1 ¿Qué son el romance y el villancico?

2 Escribe en tu cuaderno los instrumentos polifónicos más utilizados en la música renacentista y descríbelos brevemente.

3 En pequeño grupo, elaborad una biografía de alguno de los compositores más importantes del barroco español.

4 Explica en qué consiste el «bajo continuo». ¿De qué época es característico?

5 Nombra las formas musicales, vocales e instrumentales, nacidas durante el Barroco. Explica las características de cada una.

6 Elabora un esquema con las principales características de los períodos artísticos desde la Edad Media hasta el Clasicismo.

Escucha y reflexiona

Sonata en sol mayor, de Antonio Soler (1729-1783).

Este compositor, alumno de Domenico Scarlatti, es consideado el representante de la escuela española de música para teclado del siglo XVIII.

Boccherini estuvo al servicio de la corte española como músico de cámara. Vista del palacio de Aranjuez, de Francesco Battaglioli (1756).

1.5 El siglo XIX

En el siglo XIX surge en Europa el **Romanticismo,** movimiento filosófico y artístico basado en la exaltación de la libertad de la persona y en la expresión de sus ideas y de sus emociones.

Las **características** de la música de esta época son:

- Consolidación de las **formas** musicales del período anterior, aunque dando más importancia a la expresividad de la obra y menos a la forma.
- La **ópera** se consolida y pasa a ser el espectáculo preferido de la burguesía.
- Surgen pequeñas formas musicales de carácter íntimo como el **lied**: canción de origen alemán basada en un poema compuesto para voz y piano.
- Toman importancia las **grandes formas instrumentales** como la sinfonía y el concierto.

En España, el compositor más importante del Romanticismo es **Juan Crisóstomo Arriaga,** quien a pesar de su muerte prematura, con veinte años, compuso una obra de gran calidad.

Las corrientes nacionalistas

Durante la época del Romanticismo surgen los **movimientos nacionalistas,** que buscan recuperar las raíces musicales y folclóricas del país.

Dentro de esta corriente musical, destacaron dos compositores catalanes: Isaac Albéniz y Enrique Granados.

Albéniz (1860-1909), además de compositor, fue un virtuoso del piano. Compuso una de las obras más importantes de nuestro repertorio pianístico: *Suite Iberia,* compuesta por una colección de piezas inspiradas en la geografía peninsular, con títulos como «Triana», «Lavapiés» o «El Albaicín».

Granados (1867-1916), compuso música de estilo salón, es decir, muy lírica, enormemente expresiva y poética con el empleo de giros melódicos y armónicos inspirados directamente en la música popular y en su admiración por el pintor Francisco de Goya y por los temas reflejados en sus cuadros.

El Albaicín (Granada) visto desde la Alhambra, fue motivo de inspiración para Isaac Albéniz.

Investiga

Visiona en la Red un programa sobre las mujeres compositoras tanto en la actualidad como a lo largo de la historia. Se emitió en rtve.es, en *Programa de mano* titulado *Mujeres compositoras* (18.8.2012).

Escucha y reflexiona

«Rondeña», de *Iberia*, de Isaac Albéniz (1860-1909).

Danza española n.º 4, «Villanesca», de Enrique Granados (1867-1916).

1.6 Desde el siglo XX

Primeras décadas

El gaditano **Manuel de Falla** (1876-1946) es el compositor más destacado de las primeras décadas del siglo XX en España.

La mayoría de sus obras pertenecen a la corriente nacionalista, al incluir en ellas elementos propios del folclore español, fundamentalmente del andaluz. Entre sus composiciones destacan *Noches en los jardines de España,* la ópera *La vida breve*, los ballets *El amor brujo* y *El sombrero de tres picos*, *El retablo de Maese Pedro*, etc.

La generación del 27

La generación musical que le sucede fue la llamada **Generación del 27.** De este movimiento los compositores que alcanzaron más renombre fueron **Roberto Gerhard,** los hermanos **Rodolfo** y **Ernesto Halffter, Salvador Bacarisse** y **Fernando Remacha.**

La generación del 51

La llamada **Generación del 51** (nacidos entre 1924 y 1938) se propuso hacer renacer la música española después de la Guerra Civil. Los compositores fundamentales de este grupo son los vascos **Luis de Pablo** y **Carmelo Bernaola** y los madrileños **Cristóbal Halffter** y **Ramón Barce.**

De mitad del siglo XX al siglo XXI

Las generaciones posteriores (nacidos en la década de 1950) están constituidas por músicos de sólida formación con importante presencia en el panorama internacional. Destacan **José Luis Turina, Francisco Guerrero, Josep Manuel Berenguer, David del Puerto, Carlos Galán...**

En el último tercio del siglo XX, surgió la música **electroacústica,** movimiento que aglutina a compositores que utilizan las nuevas tecnologías electrónicas e informáticas, entre los que destacan **Gabriel Brncic, Eduardo Polonio, José Manuel Berenguer, Daniel Zimbaldo** o **David Alarcón.**

Investiga

Visiona en la Red el fragmento de la «danza del fuego» de la obra *Amor brujo,* de Falla.

Localiza la interpretación de los bailarines Antonio Gades y Cristina Hoyos que realizaron para la película *El Amor brujo,* dirigida por Carlos Saura.

En la música de Cristóbal Halffter se mezclan elementos tradicionales del folclore con técnicas de vanguardia como el dodecafonismo y el serialismo.

Taller profesional

La historia de la música, al ser esta un arte sonoro y efímero, no nos ha dejado otras muestras del **oficio de músico** que las ya conocidas de compositor e intérprete.

Un oficio, el de músico, no siempre bien remunerado, que algunos necesitaban complementar con la docencia a quienes tenían más poder económico: la nobleza o, incluso, la monarquía.

Paralelamente, los artesanos constructores de instrumentos musicales, afanados en conseguir la mejor calidad de sonido, aportan una actividad indispensable para el progreso del arte musical.

Es a partir de los dos últimos siglos cuando de forma creciente van surgiendo diferentes ocupaciones en función de la demanda e interés del público. La ópera, que supone la unión del teatro y la música, es el primer ejemplo de colaboración de distintas actividades profesionales.

En la actualidad, con la llegada de los medios de comunicación y las posibilidades de las nuevas tecnologías, se produce la aparición de nuevos oficios relacionados con la música que contribuyen a seguir teniendo presente más que nunca este arte sonoro: la docencia, la investigación, la crítica, la edición, la difusión, la informática musical o la electrónica al servicio del espectáculo son algunos ejemplos.

1 Enumera todos los oficios de música que puedas recordar.

2 Si decidieras dedicarte a un oficio musical: ¿Cuál elegirías?

2 Escucha una ópera para títeres

2.1 Qué vas a escuchar

En 1923, Manuel de Falla compuso *El Retablo de Maese Pedro*, pequeña ópera para títeres sobre un pasaje de *El Quijote*.

Narra la llegada de un titiritero, Maese Pedro, a la venta donde están Don Quijote y Sancho; ante ellos se representa, con un teatrillo de marionetas, la historia de Melisendra, esposa de don Gaiferos e hija de Carlomagno, cautiva en Zaragoza, territorio ocupado por los musulmanes en aquellas fechas.

2.2 El uso de escalas modales

La generación de Falla y los músicos posteriores se caracterizan por incluir en su música elementos frecuentes en la música popular: escalas, ritmos, instrumentos propios del folclore, etc. Falla investigó también el uso de las escalas modales en la música tradicional.

Una **escala modal** es similar a nuestras escalas mayor y menor, pero cambiando algunas de sus notas. Algunos modos muy utilizados por Falla y otros músicos europeos de su tiempo son los que tienes a continuación:

Mixolidio

En sol / En sol

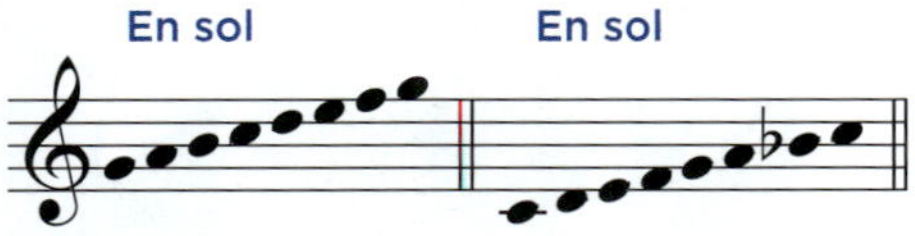

Lidio

En sol / En sol

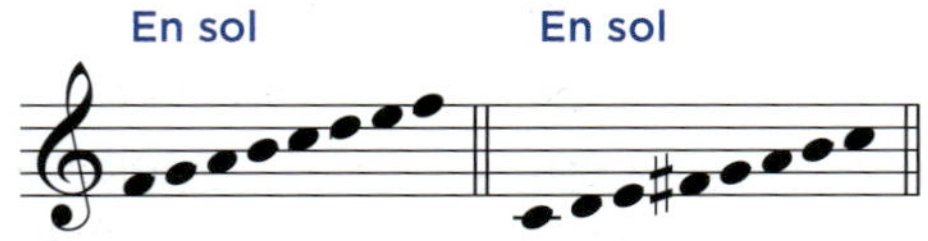

Frigio

En sol / En sol

Dórico

En sol / En sol

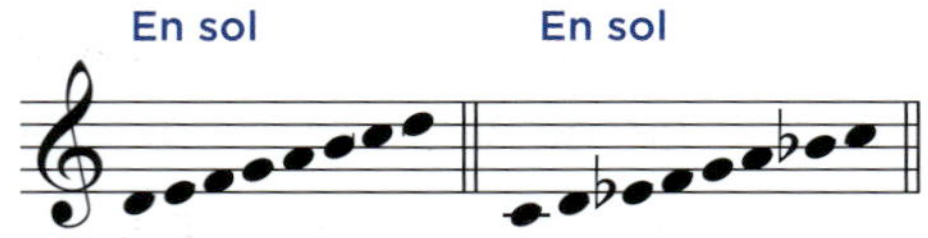

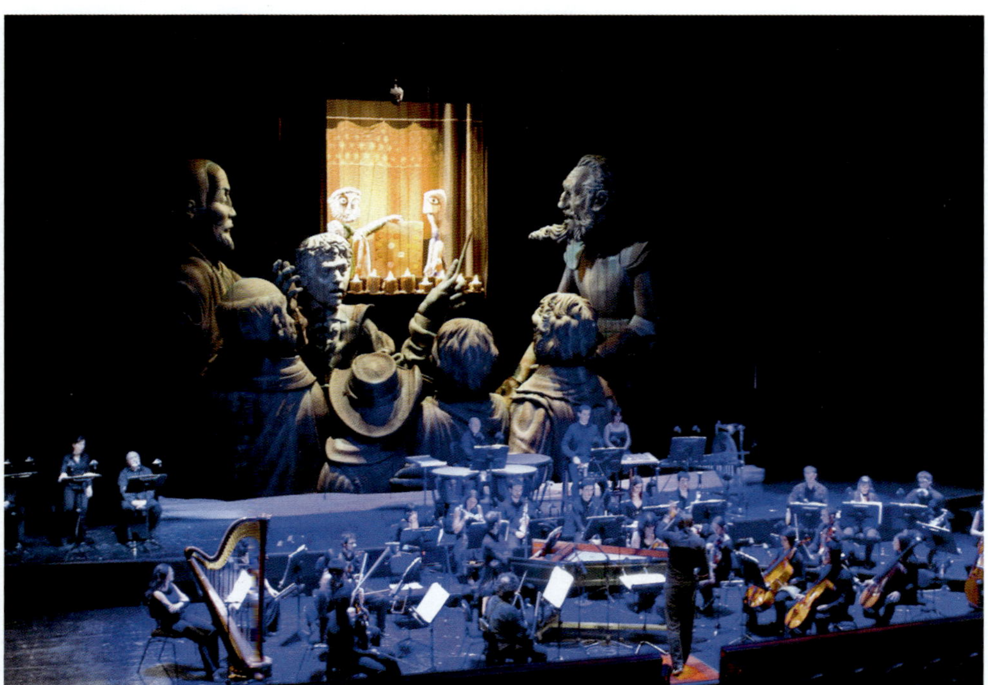

Representación de *El Retablo de Maese Pedro*, en el Teatro Real, de Madrid.

Personajes de *El Retablo de Maese Pedro*

- Maese Pedro, dueño del teatrillo de títeres, tenor.
- Trujumán, niño ayudante de Maese Pedro, soprano.
- Don Quijote, barítono.

Escucha, comprueba, reflexiona...

«Pregón» y «Sinfonía», de *El Retablo de Maese Pedro*, de Manuel de Falla.

En esta audición escucharás los dos primeros números. Tienen las partes siguientes:

Pregón

Introducción de caja y timbales.

Melodía parecida a un canto recitado de forma monótona. Se denomina también *melopea*. Lo tocan los oboes, con un pedal de acompañamiento (nota o notas continuas, mantenidas).

Pregón a cargo de Maese Pedro, interpretado por un tenor:
¡Vengan, vengan a ver vuesas mercedes el Retablo de la libertad de Melisendra, que es una de las cosas más de ver que hay en el mundo!

Sinfonía

Fragmento orquestal.

Nuevo aviso de Maese Pedro.

Fanfarria de los instrumentos de metal.

Intervención del niño, voz de soprano, que comienza a narrar:

Esta verdadera historia que aquí a vuesas mercedes se representa es sacada de las crónicas francesas y de los romances españoles que andan en boca de las gentes. Trata de la libertad que dio el señor Don Gaiferos a su esposa Melisendra que estaba cautiva en España en poder de moros en la ciudad de Sansueña. Verán vuesas mercedes cómo está jugando a las tablas Don Gaiferos según aquello que se canta: jugando está a las tablas Don Gaiferos, que ya de Melisendra se ha olvidado.

1 Escucha de nuevo la audición y completa el cuadro siguiente. Hazlo en tu cuaderno.

Pregón

[0:00] Introducción — [ ] Melopea — [ ] Pregón

Sinfonía

[ ] Orquesta — [ ] Maese Pedro — [ ] Fanfarria — [ ] Trujamán

2 Con ayuda de un instrumento, trata de interpretar y de escribir en tu cuaderno de pentagramas la melodía que canta el niño cuando entona el romance, al final de su intervención. Observa el ejemplo siguiente y continúa la melodía.

Taller de interpretación

Interpreta «Villanesca», una danza de Granados

La música de Granados es una muestra del nacionalismo español, especialmente con su obra *12 danzas españolas.* Vas a interpretar la *Danza número 4,* conocida como «Villanesca» (1890).

Prepara el ritmo

Durante la época barroca era habitual la utilización de adornos en las melodías con el fin de embellecerlas. Uno de los más habituales era el mordente.

Se denomina **mordente** a un adorno en la melodía que, en principio, no tiene entidad rítmica: toma su medida de una nota a la que va unido y se interpreta muy rápido.

Para conseguir una correcta interpretación, lo más adecuado es comenzar por estudiar el pasaje sin considerar los mordentes, para tener muy claro el ritmo; después, se añade el adorno.

Otros adornos musicales

Trino

Repetición rápida de la nota superior o inferior.

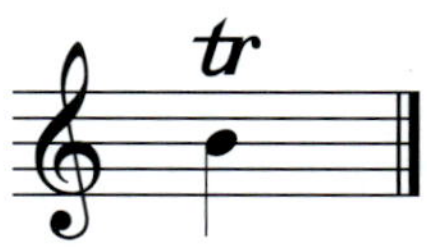

Grupetto

Grupo de notas que preceden o siguen a la principal.

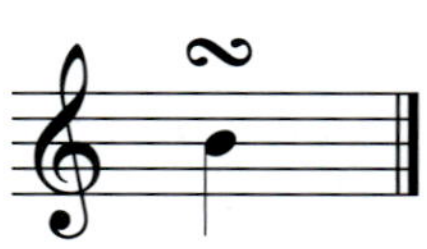

Prepara la melodía

La melodía de la *Danza n.º 4*, de Enrique Granados, abarca un gran ámbito en las **tesituras de sus instrumentos.** Desde su nota más grave hasta la más aguda hay una octava más una séptima.

Los instrumentos de láminas no abarcan esta distancia; la flauta, la guitarra o el piano, sí. Si queréis tocar esta melodía con instrumentos de láminas debéis utilizar, al menos, dos de diferente tesitura.

Tened en cuenta que algunos instrumentos suenan más agudos o más graves en relación con las notas escritas en la partitura.

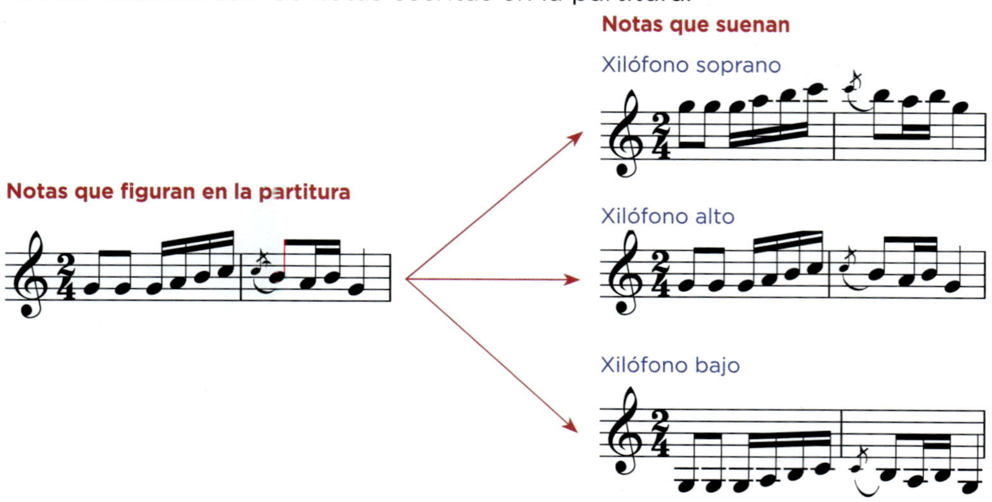

Danza española n.º 4, «Villanesca»

Enrique Granados

I A A B B C

Xilófonos

Flauta

El muro musical

Música con denominación de origen: El Flamenco

El flamenco es la expresión popular más auténtica que nos diferencia de otros pueblos. Por algo es un arte que fue declarado por la UNESCO en 2010 Patrimonio Cultural Inmaterial de la Humanidad. Todo el mundo del arte reconoce su riqueza artística y expresiva, al igual que la gran variedad de formas en las que puede manifestarse.

El alma del flamenco en el cante, en el toque o en el baile es el duende, que se manifiesta cuando la inspiración surge de forma espontánea desde lo más hondo del sentimiento.

Entre culturas

No se puede determinar con certeza el origen del flamenco. Pero, sin duda, la huella multicultural dejada en Andalucía por los cantos musulmanes, las salmodias judías, las canciones mozárabes, los cantos bizantinos y la aportación del pueblo gitano ha ido configurando un arte único en el mundo con fuertes raíces cuyo autor es el pueblo.

El cante jondo y el «quejío»

Federico García Lorca distinguía el «cante jondo» o cante grande, de otras manifestaciones del flamenco. Para él, la esencia de esa música la conserva el canto gitano, porque conserva toda la carga dramática de este arte. El «quejío» de su ayes o lamentos es su expresión más profunda.

El maestro Paco de Lucía

El gran maestro guitarrista, Paco de Lucía, contribuyó a difundir el flamenco por todo el mundo con su arte inconfundible, unas veces como solista y, otras, acompañando a cantaores como Camarón. Fue el introductor del cajón flamenco para el acompañamiento rítmico.

Trabaja con lo aprendido

Comprueba

1 Especifica en tu cuaderno cuáles son las características del canto gregoriano.

2 Escribe cuáles son las principales formas musicales de la música profana del Renacimiento.

3 Explica cuál es el cambio que se produce en la música instrumental durante el Renacimiento.

4 Desarrolla las principales características de la música barroca en España.

5 ¿Qué dos instrumentos fueron importantes durante el Barroco en España? Explica brevemente algunas de sus particularidades.

6 ¿Cuáles fueron los dos compositores para piano más importantes del siglo XIX español? Cita alguna de sus obras.

7 Cita algunas de las obras más destacadas de Manuel de Falla.

8 Comenta en tu cuaderno cuál es el panorama de la música española en las últimas décadas.

9 ¿Qué es el mordente en una melodía?

Practica

10 Escribe este fragmento en tu cuaderno de pentagramas de forma que pueda ser leído cómodamente por un xilófono soprano:

11 Copia esta partitura en tu cuaderno de pentagramas; rodea los mordentes y marca con una flecha las síncopas:

Investiga

12 Busca información en Internet sobre el compositor del siglo XIX Isaac Albéniz y elabora una breve biografía.

13 Durante el Renacimiento y el Barroco fueron muchas las mujeres que destacaron en la composición e interpretación musical. Busca algún ejemplo representativo y escribe su biografía.

Los instrumentos transpositores

Se denomina transposición al proceso de escribir o ejecutar una melodía a una altura más grave o más aguda que la original.

Un instrumento transpositor es aquel cuyas notas reales producidas no se corresponden con las que hay escritas en el pentagrama.

Existen instrumentos transpositores que suenan una octava más aguda (xilófono soprano o flauta dulce soprano), o más grave (xilófono bajo o guitarra) que las notas reales que están escritas en el pentagrama.

Sin embargo, hay otros instrumentos que no transportan a la octava sino que lo hacen a otros intervalos, como por ejemplo la flauta dulce contralto, que lo hace a una quinta inferior.

Notas escritas en la partitura:

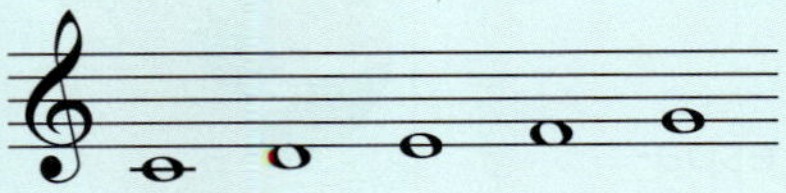

Notas reales que suenan (quinta inferior):

Prepara la partitura para transportar

1 Vas a transportar la partitura de la melodía *Danza* n.º 4 de Granados, de la página 147.

Sabemos que la flauta contralto transpone a la quinta inferior. Debemos, pues, escribir su música una quinta superior de lo que queremos que suene.

Aplica un procedimiento

2 La distancia que abarca un intervalo de quinta es de siete semitonos. La nueva melodía de la flauta contralto tendrá que estar escrita a una distancia de siete semitonos más aguda que la original.

3 Debes añadir siete semitonos a cada nota para llegar a la nota nueva.

Transporta la partitura

4 Escribe en tu cuaderno de pentagramas la partitura transpuesta a una quinta superior.

5 A continuación, tienes una plantilla con las notas naturales y alteradas que puede ser de gran utilidad.

6 Para saber qué nota está a siete semitonos de otra, sitúate en la primera. Solo tienes que contar siete lugares para encontrar la nueva nota de la melodía.

Más música

1 Every Night When the Sun Goes In
2 Loch Lomond
3 Here's to You
4 The More We Get Together
5 The Riddle Song
6 He's Got the Whole World
7 Never on Sunday
8 Come Follow Me
9 Beauty and the Beast
10 Rock My Soul
11 Ain't No Mountain High Enough
12 Wayfaring Stranger
13 I Love the Mountains
14 Come Again

1. Every Night When the Sun Goes In

Tradicional de EE.UU.

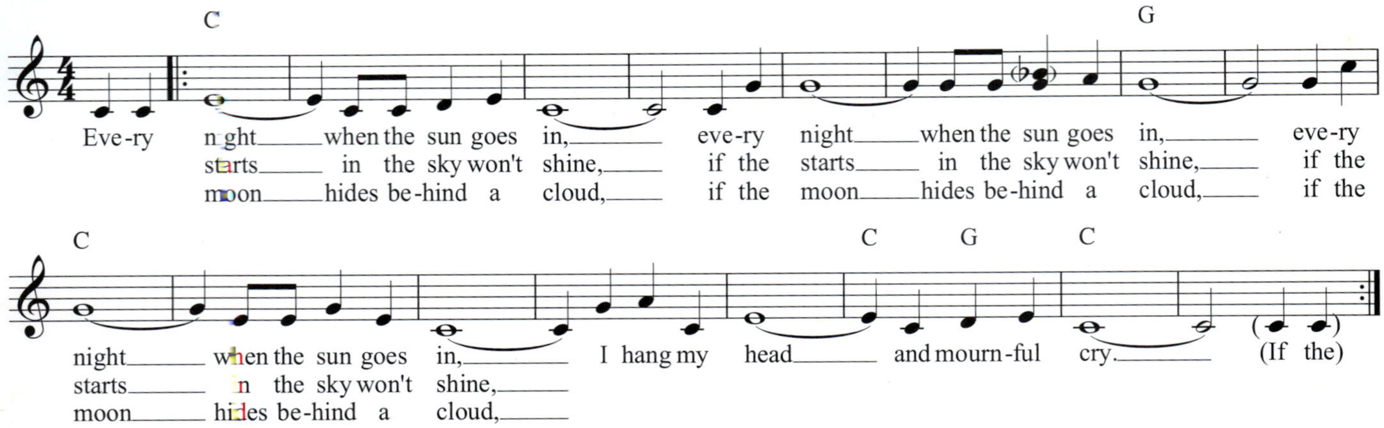

2. Loch Lomond

Tradicional de Escocia

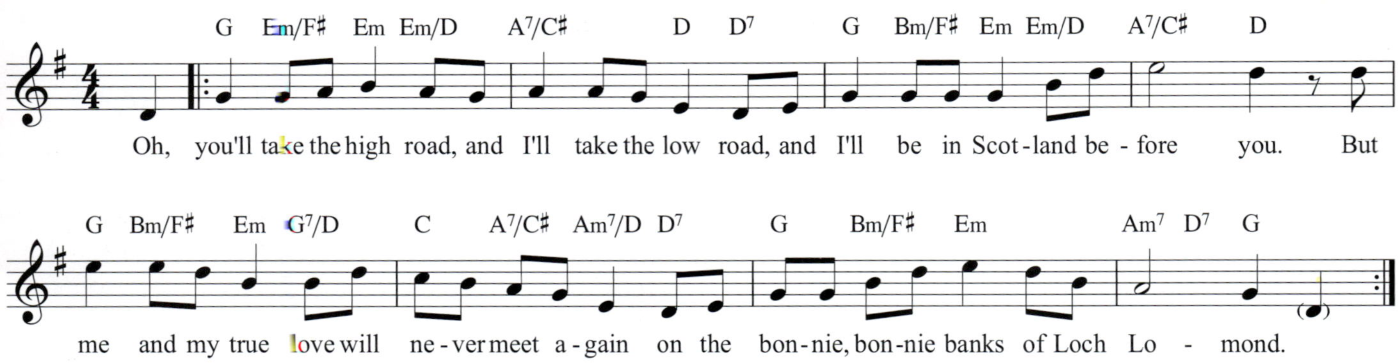

3. Here's to You

Ennio Morricone / Joan Baez

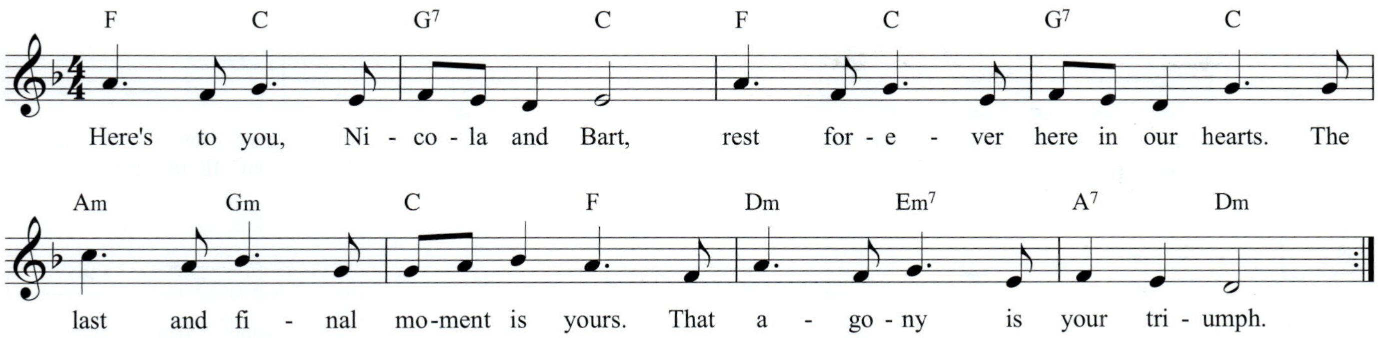

4. The More We Get Together

Tradicional del Reino Unido

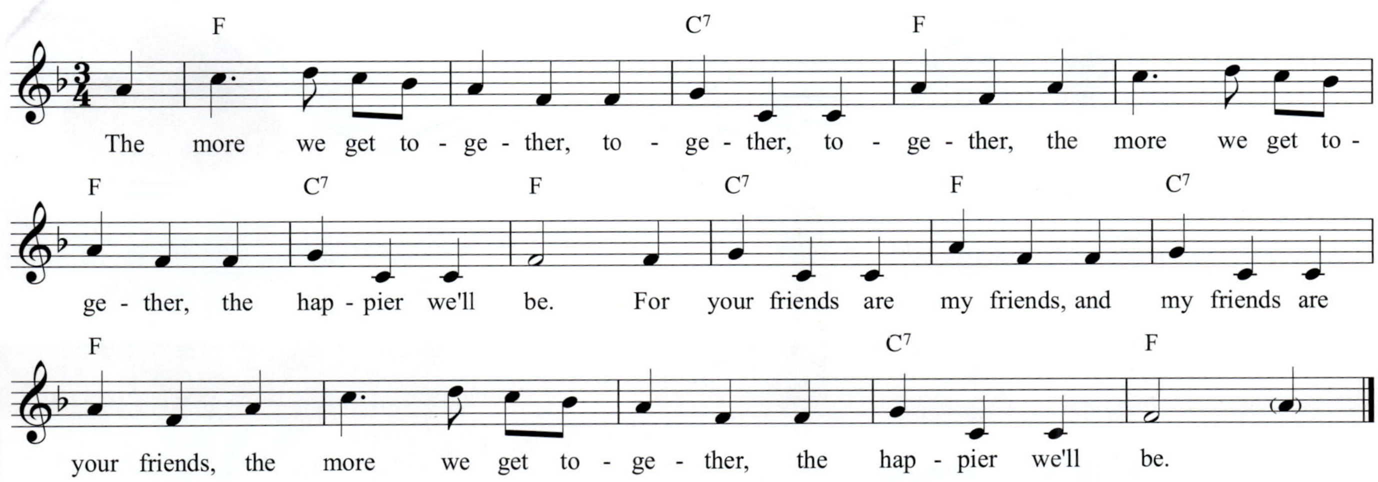

5. The Riddle Song

Tradicional de Inglaterra

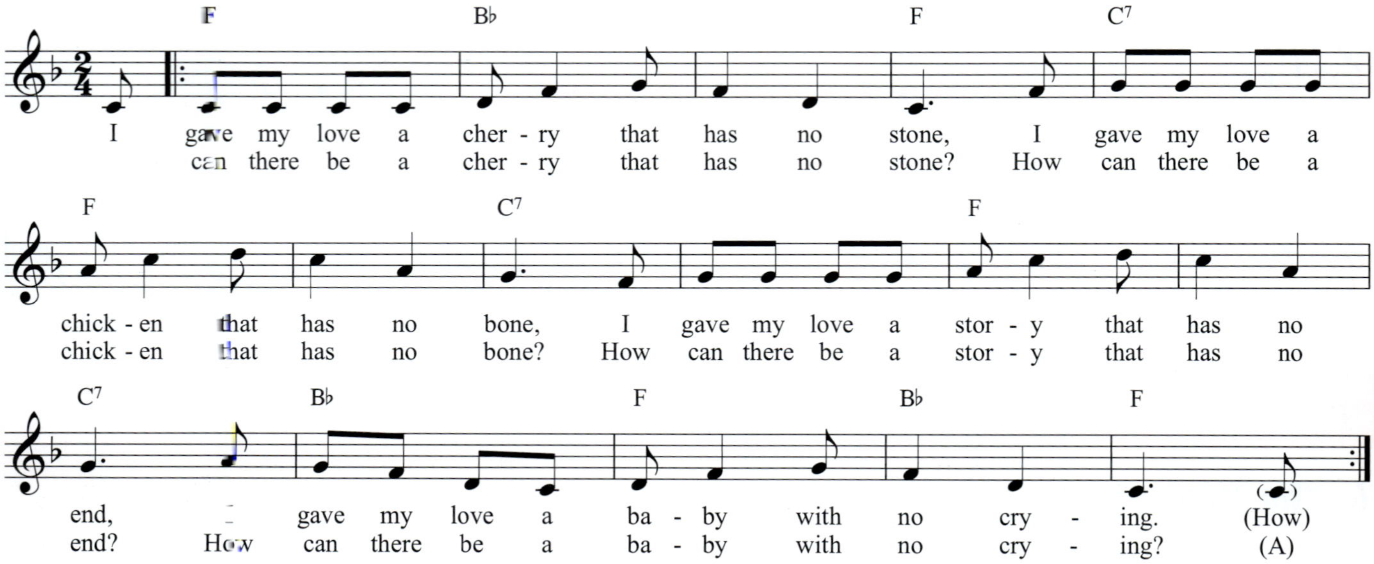

6. He's Got the Whole World

Espiritual tradicional de EE.UU.

7. Never on Sunday

Manos Hadjidakis

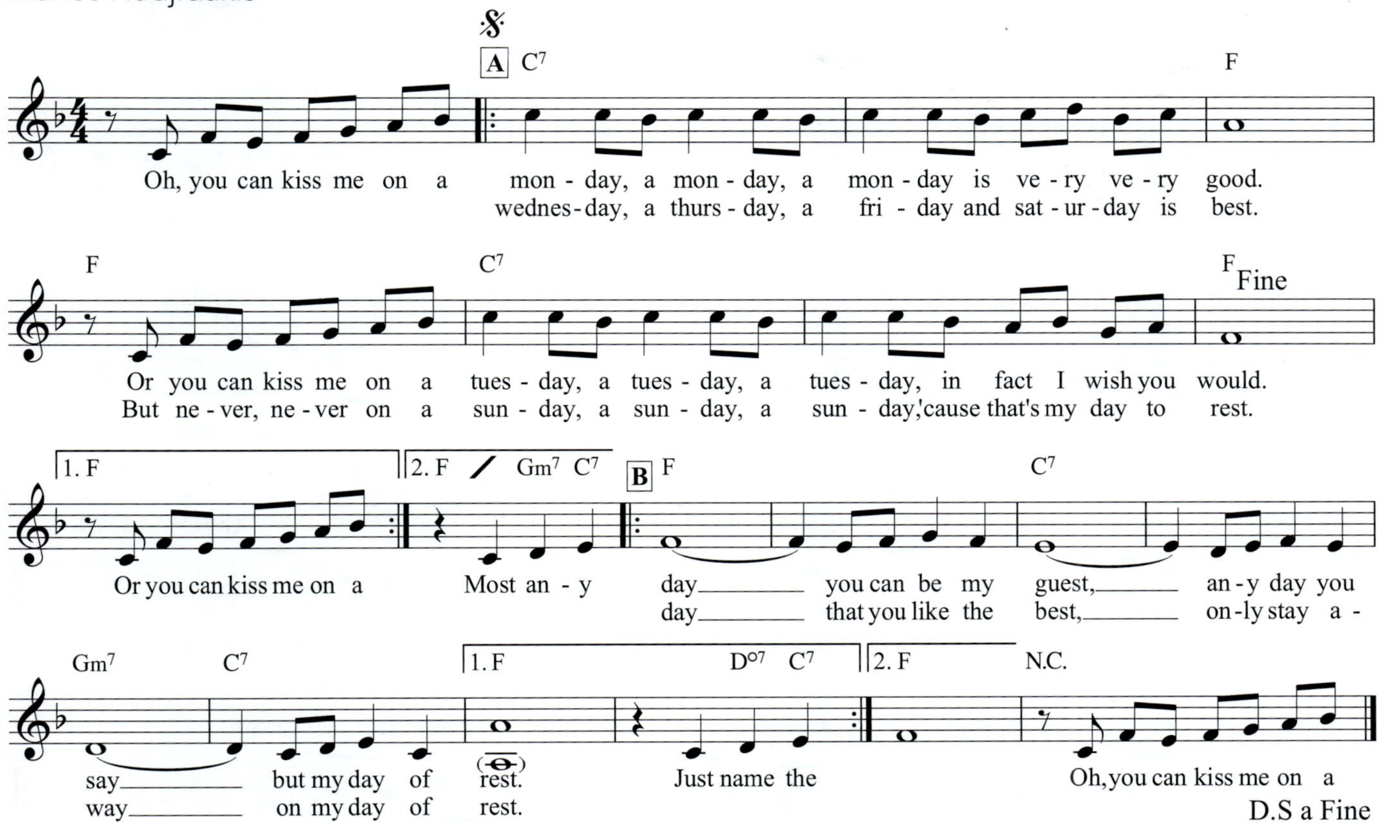

8. Come Follow Me

Tradicional del Reino Unido

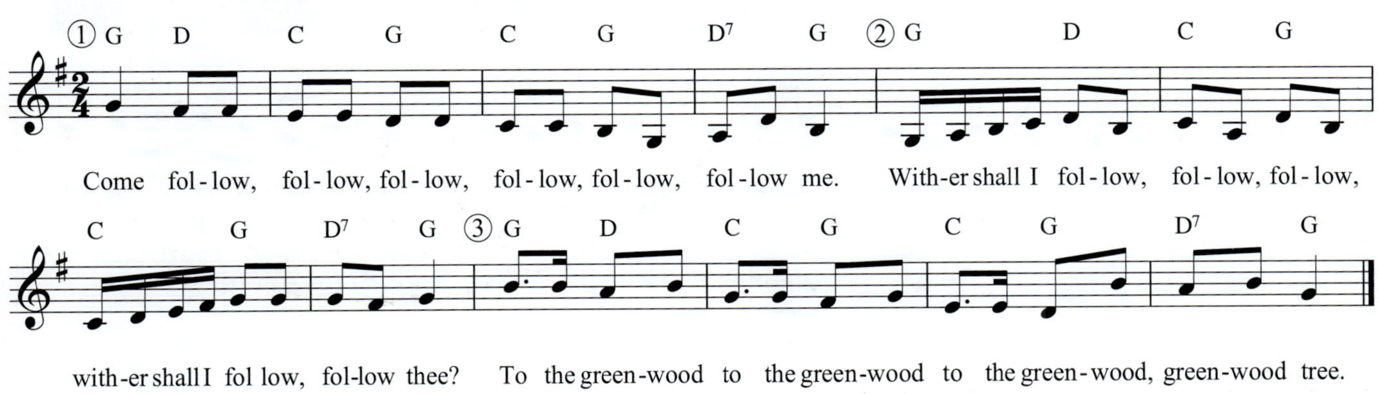

9. Beauty and the Beast

Alan Menken / Howard Ashman

10. Rock My Soul

Espiritual tradicional de EE.UU.

11. Ain't No Mountain High Enough

Nickolas Ashford / Valerie Simpson

12. Wayfaring Stranger

Tradicional de EE.UU.

13. I Love the Mountains

Tradicional de EE.UU.

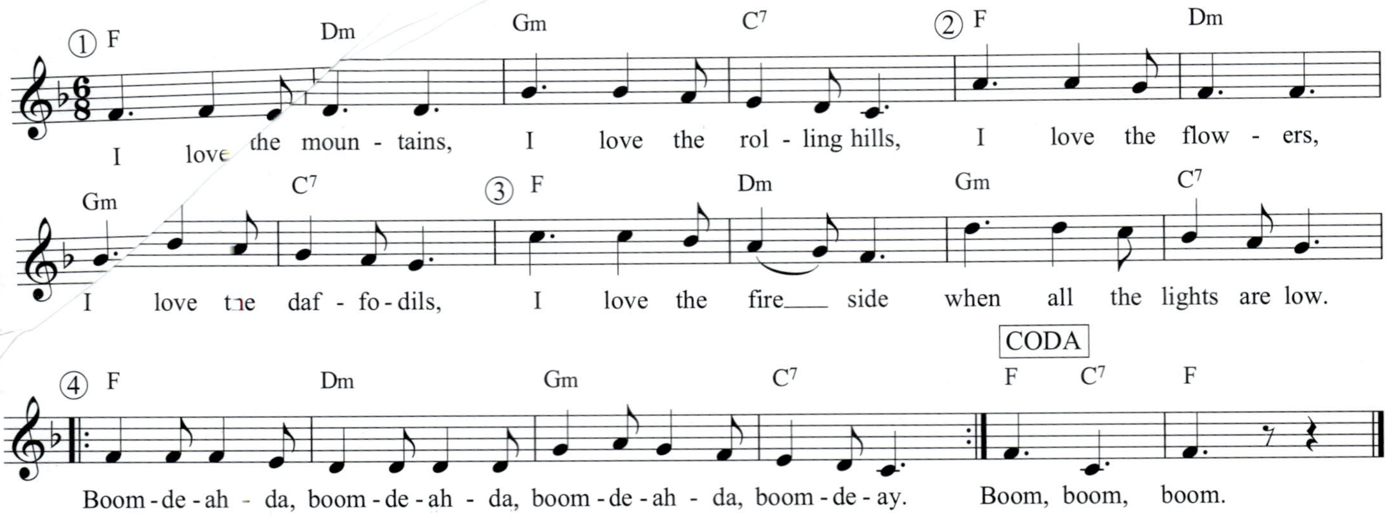

14. Come Again

John Dowland

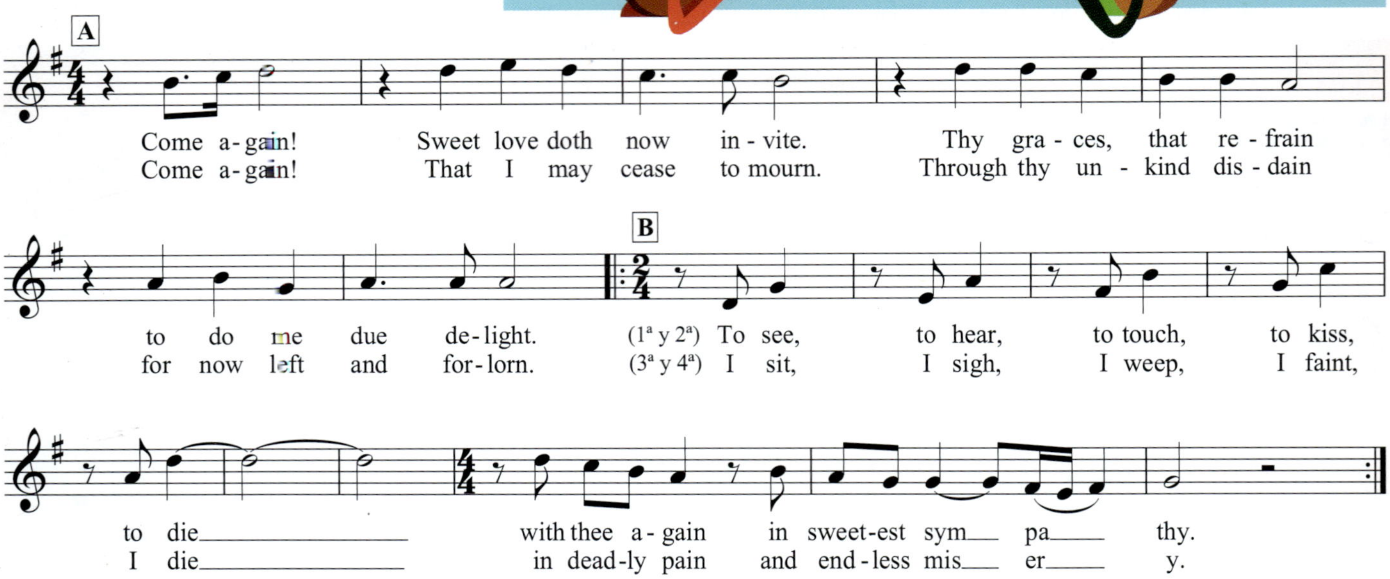

Índice de audiciones

Los cortes 5 y 9 pueden encuadrarse dentro de lo establecido en el artículo 32.1 de la L.P.I. (derecho a cita). Los cortes 1, 2, 3, 4, 6, 7 y 8 han sido grabados y mezclados por Luis Lozano (Estudio La Colmena) e interpretados por: Eliseo Parra (percusión), Freddy Marugán (guitarras y mandolina), Luis Lozano (teclados, bajo y batería), Werner Glasser (violín), Celia Vergara (voz y coros en 1, 4 y 6), Garret Wall (voz y coros en 2, 3 y 8), Miguel Morán (voz y coros en 7) y Antonio Santos (voz en 7).

Los cortes 4 y 6 han sido programados y mezclados por Paco Gómez y cantados por Celia Vergara. Las bases rítmicas 10 y 11 han sido compuestas por Paco Gómez.

Producción musical: Eva F. Gancedo

Masterización: Luis Lozano (Estudio La Colmena)

Edición: Elena Hidalgo y Cristina Fernández

APRENDER ES CRECER EN CONEXIÓN es un proyecto educativo de Anaya Educación para la ESO.
En la realización de este libro han intervenido:

Coordinación editorial
Cristina Fernández

Edición
Elena Hidalgo

Diseño
Dirección de arte: Javier Serrano. Cubierta: Patricia Gómez Serrano.
Interiores: Marta Gómez Peso y Paco Martín. Desarrollo gráfico de cubierta: Juan Carlos Quignón

Ilustraciones
Dh_Creación (Carlos Díaz)

Maquetación
Elena Cofiño

Corrección
Mercedes Pérez

Edición gráfica
José María Marcelino

Fotografías
Archivo Anaya (Enríquez, S.; Martín, J.A.; Ramon Pablo/Fototeca de España)
Age, Album, Efe, Getti Images, Latinstock/Alamy/Corbis/Masterfile, Thickstock, 123 RF

Las **normas ortográficas** seguidas en este libro son las establecidas por la Real Academia Española en la *Ortografía de la lengua española,* publicada en el año 2010.

Nuestras publicaciones mantienen el rigor en el uso y en la selección de los contenidos, en las imágenes y en el lenguaje, para cumplir con la **no discriminación** por razón de género, cultura u opinión.

IMPORTANTE Las **actividades** propuestas en este libro deben ser realizadas en cuadernos u hojas sueltas; **nunca en el propio libro.**

Los **enlaces a las páginas web** que aparecen en este libro han sido revisados en la fecha de su impresión. La editorial no se hace responsable de las modificaciones o las anulaciones que se produzcan en ellos con posterioridad a dicha fecha.

ISBN: 978-84-698-1139-9 - Depósito Legal: M-4304-2016 - Printed in Spain.

ET029590/1E3I - 8450054